A.J. Welman
VERWANDLUNGEN
IM LEBENSLAUF

A.J. Welman

Verwandlungen im Lebenslauf

Die therapeutische Dimension der Märchen

 Novalis

Titel der Originalausgabe:
DE MENSELIJKE LEVENSLOOP.
© by Uitgiverij Vrij Geestesleven, NL-3700 AW Zeist.

Übersetzt aus der holländischen Sprache von
L. van Heyningen, Wetzikon

Umschlag: Johannes Klatt, Bad Krozingen,
unter Verwendung einer Vignette
von Christiane Lesch, Stuttgart.

© 1992 für die deutsche Ausgabe
by Novalis Verlag AG, Schaffhausen
Alle Rechte für diese Ausgabe vorbehalten.
Gesamtherstellung: Ebner Ulm
ISBN 3-7214-0633-8

Inhaltsverzeichnis

Vorwort

Während gut dreißig Jahren psychotherapeutischer Praxis durchlebte ich selbst, auch durch Geschehnisse und Begegnungen in meinem eigenen Lebenslauf, verschiedene Phasen der Entwicklung. Methodisch ließ ich mich am Anfang leiten von den Auffassungen Freuds, Jungs und deren Anhänger; hierbei blieb jedoch ein unbefriedigtes Gefühl im Hintergrund bestehen.

Schon vor meinem Medizinstudium hatte ich die innere Sicherheit, daß der Mensch ein geistiges Wesen ist, welches sich von den anderen Lebensbereichen (Tier, Pflanze, Mineral) unterscheidet, indem es nicht nur ein reagierendes, sondern ein einmaliges Wesen ist, das selbständig denken und handeln kann. Dieser geistige Gesichtspunkt, der sich über das Triebmäßige erhebt, fehlte (und fehlt immer noch) in der Menschenbetrachtung, die hinter den üblichen Behandlungsmethoden steht. Der Wiener Psychiater Caruso[1] nähert sich dem geistigen Bilde noch am meisten, wenn er betont, in jedem hilfesuchenden Menschen etwas vom Christus zu suchen.

Meine eigene Auffassung von der Existenz eines realen geistigen Aspektes im Menschen fand schließlich eine Bestätigung in dem Menschen- und Weltbild, wie es in der Anthroposophie durch Rudolf Steiner gegeben wurde.

Aus diesem Hintergrund gewannen die psychotherapeutischen Gespräche eine größere Tiefe, weil auf grundlegendere Seelenqualitäten als das Triebleben eingegangen wurde. Der Mensch konnte so im geistigen Teil seines Wesens angesprochen werden und sich selbst erkennen im biblischen Bild des «verlorenen Sohnes», der ins «Vaterhaus» zurückkehrt. Es ist das Bild des Menschen, der seinen Ursprung in der geistige Welt hat und der nach seinem irdischen Lebensgang, mit Erfahrungen beladen, durch die Pforte des Todes geht, um zur Welt seines Ursprunges zurückzukehren. Jeroen Bosch stellt das im Gemälde «Der verlorene Sohn» oder «Der Bettler» eindrucksvoll dar.[2]

Das Vermögen, Szenen aus dem Lebenslauf in Bildern darzustellen, ist ein anderer, in psychotherapeutischen Gesprächen wichtiger Aspekt. Mein Interesse für Märchen, welches schon in der Kindheit stark geweckt wurde, war hierbei eine große Stütze. Durch das Vertiefen in die Märchen der verschiedenen Völker wurden die darin enthaltenen Bilder nach und nach erkennbar als Andeutungen der menschlichen Entwicklung. Diese Erkenntnis beruhte nicht nur auf dem moralischen Wert des Märchens, sondern mehr auf der bewußtseinsweckenden Bedeutung, die es im Laufe der Zeiten für die innere Entwicklung des Menschen hatte und auch jetzt noch hat. Auf diese Weise wurden die Märchen und deren Bilder ein immer wichtigeres Hilfsmittel in meinen Gesprächen mit Menschen.

Ich versuche in der Praxis die um Hilfe suchenden Menschen die folgenden Fragen finden zu lassen: Warum muß ich diese Lebenserfahrung durchmachen? Was ist der Sinn dieser Krankheit, dieser Krise, dieses Verlustes oder Schmerzes, dieser Charaktereigenschaft? Wie kann ich damit umgehen, und was kann ich daraus lernen?

Auf mehrfachen Wunsch von Kollegen und Patienten schreibe ich diese therapeutische Studie auf, so daß in einem breiten Umkreis davon Gebrauch gemacht werden kann. Selbstverständlich handelt es sich hierbei nur um eine von mehreren möglichen Vorgehensweisen.

Beim Schreiben hatte ich die Neigung, die doppelte Form *er/sie* und *ihm/ihr* zu verwenden. Der Lesbarkeit halber beschloß ich jedoch, nur *er* (und *ihm*) zu schreiben, weil es um den Menschen geht. Es ist selbstverständlich, daß die Darlegung genauso für *sie* gilt, außer an jenen Stellen, wo der Unterschied angegeben ist.

Die erwähnten Beispiele sind fingiert; sie sind zusammengestellt aus vielen Gesprächen, die überall stattgefunden haben. Ergibt sich eine Übereinstimmung mit lebenden Personen, dann beruht sie auf Zufall oder auf der Tatsache, daß es sich um etwas handelt, was sich in jedem Menschen vollzieht.

Zur Verdeutlichung noch das Folgende: Jedes psychische Leiden, so auch die Neurose, die Psychose, Depression und Angst, kann seine Ursache in einer Störung der Körperorgane haben. Eine medizinische Begleitung während der Behandlung ist eine Selbstverständlichkeit.

Möge dieses Buch vielen helfen.

A. J. Welman

Einleitung

Wieviel verstehen wir von unserem eigenen Lebenslauf? Natürlich beschäftigen wir uns nicht jeden Tag damit. Wenn jedoch jemandem ein großes Leid widerfahren ist, so daß dies für sein weiteres Leben eine eingreifende Veränderung bedeutet, dann kann dieser Mensch zur Einkehr kommen. Es drängen sich Fragen auf wie: Wieso passiert mir das gerade jetzt? Welche Bedeutung hat dies für meinen Lebenslauf? Womit habe ich mich bis jetzt beschäftigt, und wie will ich weiterleben? Um den Lebensfaden weiter ergreifen zu können, ist nebst Mut, Vertrauen und Tatkraft auch die Objektivierung des Problems nötig. Es ist dann wichtig, die eigene Biographie vor einen objektiven Hintergrund stellen zu können, so wie es in den folgenden Kapiteln beschrieben wird, und zu erfahren, daß die Probleme, mit denen man kämpft, nicht nur persönlicher Natur sind, sondern jeden Menschen in unserer Kultur betreffen können.

Vor der Beschreibung des allgemeinen, objektiven Bildes des Lebenslaufes in seinen verschiedenen Phasen ist es erhellend, in Kürze zu verfolgen, wie das Phänomen des individuellen Lebenslaufes sich in der Geschichte entwickelt hat. Dazu stütze ich mich im besonderen auf die vielen Äußerungen Rudolf Steiners zur Entwicklung der Menschheit.[3]

Der menschliche Lebenslauf als Entwicklungsweg

Wir befassen uns selten mit dem Gedanken, daß der Mensch in vorgeschichtlicher Zeit noch keinen persönlichen Lebenslauf hatte. Damals hatte nur ein Volk oder ein Stamm eine Lebensgeschichte, nicht aber der individuelle Mensch. Die Persönlichkeit eines solchen Volkes oder Stammes fand seinen Ausdruck im König, der zugleich die geistig am höchsten entwickelte Individualität war und als Priester-König sein Volk führte. Deshalb sprach er: «Wir ... König von ...», wenn er eine Erklärung abgab. Es war eine Zeit, in der die Menschheit noch eine direkte Verbindung zur geistigen oder göttlichen Welt hatte, sei es über den König, sei es über die Priester oder gewisse weise Frauen oder Männer. Die Individualität als solche gab es noch nicht; so konnte die Jugend gewisser Klassen im alten Persien nur das werden, was der König dekretierte, oder die Jugendlichen aus Sparta hatten sich der »spartanischen« Erziehung zu fügen, so wie sie ihnen durch die Könige auferlegt wurde.

Dies ist auch auf eine andere Weise zu erkennen. Wenn früher ein Fremder in ein Dorf oder eine Siedlung kam, wurden ihm während des Gespräches mit Sicherheit zwei Fragen gestellt. Die erste Frage war: «Wer war dein Vater?», damit bekannt wurde, zu welcher Sippe oder zu welchem Stamm er gehörte. Die andere Frage bezog sich auf das Alter des Besuchers. Der Hintergrund dieser Frage war die Tatsache, daß in jener Zeit der Mensch um so mehr Weisheit bekam, je älter er wurde. Sie war eine natürliche Gabe, ein Geschenk der Götter. (Wenn der Mensch diese Weisheit nicht bekam, so konnte das bedeuten, daß er krank war.) Man kannte damals auch den «Rat der Alten», der die Entscheidung in schwierigen Dingen übernahm und das Stammesoberhaupt beriet. Diese natürliche Begabung und die Kultur, welche sich darauf stützte, verschwand im Laufe der Jahrhunderte.

In der Mythologie, den Überlieferungen verschiedener Völker, wird beschrieben, wie sich die göttliche Welt im Laufe der Zeit zurückzog, um die Entwicklung der Menschheit in eine nächste Phase zu leiten, mit dem Ziel, den Menschen zu einer Individualität, zu einer eigenen Persönlichkeit zu entwickeln zu lassen. Die Sprache der Mythen kann uns davon ein Bild geben. In *Genesis I* steht geschrieben. «Gott schuf den Menschen»; in *Genesis II* wird der Individualisierungsprozeß ausgedrückt, indem der Mensch einen Namen erhält: «Der Herr schuf Adam.» Dieses Sich-Zurückziehen der Götter wird mit «Götterdämmerung» angedeutet. Es ist mit der Gebärde der Eltern zu vergleichen, die sich zurückziehen, um dem Sohn oder·der Tochter die Gelegenheit zu geben, selbständig zu werden.

Der direkte Kontakt zur göttlichen Welt ging verloren, je mehr der Mensch die Fähigkeit entwickelte, selbständig zu denken. Anstelle des inspirierten Kontaktes über den einzelnen (den König, das Stammesoberhaupt) wurde jedem Menschen die Fähigkeit gegeben, selbst nachzudenken über das, was das Leben, das Schicksal, die Götter oder die Gottheit ihm auftrug. Diese Änderung vollzog sich in den Jahrhunderten, die geprägt wurden durch das Auftreten Moses und die Zerstörung von Troja (vom 15. bis 12. Jahrhundert v. Chr.). Die Geschichte des Trojanischen Krieges stellt den Untergang des Orients dar: Mit der siegreichen griechischen Kultur erwachte die neue Zeit. Mit der Fähigkeit des Denkens trat auch die List in den Bereich der menschlichen Fähigkeiten, so wie es in der Gestalt des Odysseus zu sehen ist, der durch eine Kriegslist – das hölzerne Pferd, in dem griechische Soldaten versteckt waren – den Untergang Trojas bewirkte.

Durch diese erwachende Denkfähigkeit begannen sich die Menschen stärker voneinander zu unterscheiden. Denn es steht dem Menschen frei, ob und wie er diese Fähigkeit nutzt. Durch einen immer persönlicher werdenden Umgang mit den Dingen entwickelte er auch eine eigene, individuelle Lebensgeschichte.

Trotz dieses Individuationsprozesses ist die Gesellschaft während der griechisch-römischen Kulturepoche und bis in das Mittelalter immer noch stark vom Gruppencharakter geprägt. Dies sieht man zum Beispiel deutlich in der hierarchischen Gliederung einer mittelalterlichen Burg. Der Burgherr trug die Verantwortung und hatte die Leitung; jedem Burgbewohner war eine feste Aufgabe zugeteilt, und jeder kannte seinen Platz. Außerhalb der Gruppe konnte man kaum existieren.

Nach dem Mittelalter, ab dem 15. Jahrhundert, wird eine neue Individualisierungswelle sichtbar. Zuerst in der Kunst und der naturwissenschaftlichen Entwicklung der Renaissance. Auf allen Gebieten des Lebens tritt der Mensch in den darauf folgenden Jahrhunderten mehr und mehr als Individualität auf. Er löst sich aus der Gruppe und der Masse und sucht nach seiner eigenen Lebensweise. Der heutige Mensch steht noch mitten in diesem Prozeß drin. Ab jetzt ist es nicht mehr ein König, nicht ein Burgherr, genausowenig eine kirchliche Autorität, sondern der einzelne Mensch selbst, der die Verantwortung für die Welt, für seine Mitmenschen und für sein eigenes Leben trägt.

Trotz der fortgeschrittenen Individuation hat der menschliche Lebenslauf gewisse gemeinschaftliche Merkmale behalten. Ein wichtiger Beitrag Rudolf Steiners war der Hinweis auf solche Gesetzmäßigkeiten im menschlichen Lebenslauf, die schon Plato und Aristoteles bekannt waren.[4]

Der menschliche Lebenslauf, die Biographie, verläuft nach Steiner in mehr oder weniger begrenzbaren Abschnitten zu je sieben Jahren, wobei jede Phase ihre Entwicklungsimpulse, Aufgaben, eigenen Möglichkeiten und Unmöglichkeiten, Rechte und Pflichten, Widerstände und Krisen hat. Es ist für den Menschen unserer Zeit, im Übergang zum 21.

Jahrhundert, wichtig, den gesetzmäßigen Charakter seines Lebenslaufes zu erkennen, um die Aufgaben, Krisen oder Krankheiten, die in seinem Leben auftreten, zu verstehen.

Wie wir mit unseren Schicksalsschlägen zurechtkommen, so daß wir sie begreifen können und dadurch reifer werden, zeigen uns auf eine überraschende Art die Märchen.

Das Märchen als Schlüssel zum Lebenslauf

«Es war einmal eine Königstochter, die im Wald spazierenging und sich bei einem klaren Brunnen niederließ . . .» So fängt ein Märchen an, und wenn wir weitererzählen, dann erwecken Kinder und auch Erwachsene oft den Eindruck, als ob ihnen die Erzählung vertraut sei. Wieso hören Kinder dem Märchen so intensiv zu? Die Wissenschaft hat sich mit dieser Frage nicht so sehr beschäftigt, sondern vor allem mit der psychologischen Deutung der Märchen. Freud erkannte in den Märchen die Symbole der verdrängten sexuellen Wünsche, Adler die der verdrängten Machtimpulse und Jung die der Urbilder, die im kollektiven Unterbewußtsein aufbewahrt wurden. Meines Erachtens treffen diese Auffassungen noch nicht den Kern der Märchen.

Erich Fromm erkennt in den Märchen noch etwas anderes. Er nimmt sie nicht als Äußerung einer phantastischen Einbildungskraft, sondern er betrachtet sie als geliebte Erinnerungen an die Vergangenheit, als Erfahrungen der Seele, als Weisheit vergangener Zeiten, ausgedrückt in einer spezifischen symbolischen Sprache.[5] Obschon diese Auffassung den Märchen eine größere Bedeutung zumißt, als es die vorher genannten Autoren taten, kann man sich fragen, ob das

15

Bedürfnis, Märchen anzuhören, hiermit genügend erklärt wird.

Der Inhalt der Märchen weckt in den Kindern Erinnerungen an längst Bekanntes. Weshalb ist das so? Ein Vergleich kann uns hier helfen. Man stelle sich die Situation von Emigranten vor, Menschen, die in der Fremde ihre Arbeit und ihre Wohnung gesucht haben und jetzt einen Brief aus ihrem Vaterland empfangen. Einer von ihnen liest den Brief vor, die anderen hören zu, und es ist allen etwas Bekanntes und Vertrautes, was da geschrieben steht. Sie kennen die Umgebung, die Umstände, die Personen, über die berichtet wird.

Einen solchen Eindruck erhalten wir auch beim Märchenerzählen. Die Kinder, die Zuhörer begreifen, was man ihnen erzählt. Es ist für sie wie ein Brief, wie ein Bericht aus dem Vaterland.

Es ist interessant, daß «Mär» ein altes Wort für Bericht ist; das Wort Märchen wird so auch verständlicher. Im Märchen bezeichnet das Vaterland das Land von Gottvater oder die geistige Welt, so wie im Alten Testament auch über das Vaterhaus gesprochen wird. Kinder haben dieses noch vor wenigen Jahren verlassen, nämlich bei ihrer Geburt. Die Umstände – in den Märchen wird das in Bildern ausgedrückt – sind ihnen noch bekannt. Diese Bilder klingen noch wie Erinnerungen aus der «vorgeburtlichen» Welt nach. Übrigens können auch beim Erwachsenen in der Seele traumhafte Erinnerungen an die vorgeburtliche Existenz auftauchen, vor allem Erinnerungen an dasjenige, was man sich vorgenommen hat für das künftige Erdenleben. Über die Hintergründe findet der Leser mehr im Kapitel «Das persönliche Lebensschicksal».

Wie ist es möglich, daß Märchen solche tiefen Gefühle der Erinnerung in uns wecken können? Woher kommen sie? Die meisten Märchen stammen aus Zeiten und Kulturen, wo sich das intellektuelle Denken noch kaum entwickelt hatte. So lebten die Menschen mit der Welt in einer instinktiven Verbundenheit, die bei einigen das Niveau der Weisheit erreiche. Um diese Lebensweisheit, zum Beispiel die Weisheit über die Entwicklung der menschlichen Seele, auszudrücken und übertragen zu können, war es notwendig, das Bild als Mittel zu gebrauchen. So entstanden neben den ausgesprochen mythologischen Geschichten auch die Märchen.

Wenn die ursprüngliche Weisheit zu verschwinden droht, weil das menschliche Bewußtsein den direkten Zugang dazu allmählich verliert, dann bewahrt die Bildsprache diese Weisheiten vor dem Vergessen. Dies gilt nicht nur für Märchen, sondern auch für Mythen, Sagen, Legenden und Werke wie die Veden, das Ägyptische Totenbuch, die Bibel und die Edda.

Außerdem werden Märchen manchmal regelrecht aus der Not geboren, nämlich dann, wenn eine Kultur oder Religion vom Aussterben bedroht ist und «untertauchen» muß. Ein Beispiel hierfür sind die Märchen, welche in Südfrankreich in der Gascogne unter den Albigensern und den Katharern entstanden sind, als diese wegen ihrer besonderen Form des Christentums im dreizehnten Jahrhundert durch die Inquisition verfolgt wurden.[6]

In einigen Vorträgen[7] deutet Rudolf Steiner darauf hin, daß der Wert der Märchen für die Erwachsenen noch zu wenig erkannt wird. Es ist falsch anzunehmen, sie seien nur für Kinder bestimmt. Der erwachsene Mensch, der mitten im Leben steht und die Märchen von sich weist, benimmt sich wie die sogenannten gescheiten Brüder im Märchen *Das Wasser des Lebens* (Grimm). Hoch zu Roß, schimpfen sie den Zwerg einen dummen Knirps und reiten weiter. Gerade er jedoch ist der einzige, der den wahren Weg kennt und ihnen helfen könnte, die Gefahren zu überwinden.

In den Märchen leben christliche Geheimnisse, nicht als eine Lehre, sondern als eine lebendige Quelle, die nur darauf wartet, erschlossen zu werden. Steiner weist auch auf das Künstlerische hin, das den Märchen innewohnt. Es ist eine große Kunst, das Wesentliche das geistigen Lebens auf einfache Weise zum Ausdruck zu bringen – man denke an die anmutigen, oft spielerischen Bilder der Märchen. Nur die Kunst kann die tiefsten Wahrheiten in die selbstverständlichsten Formen kleiden.

In einem anderen Vortragszyklus, *Rosenkreuzerisches Weistum in der Märchendichtung*[8], bezeichnet Steiner das Märchen *Von der grünen Schlange und der Lilie* von Goethe als eine der tiefgreifendsten Schriften der Weltliteratur. Es wurde viel über dieses Märchen geschrieben, doch wer es mit Sorgfalt und Ehrfurcht auf sich wirken läßt und es zu deuten vermag, der kann viel von den verborgenen Zusammenhängen im Leben verstehen lernen.

Die Themen der Märchen sind sehr vielseitig. Es gibt Märchen, die über das Entstehen und die Entwicklung der Erde als Planet schildern, und solche, die von der Entwicklung der Menschheit und vom Entwicklungsweg, den der individuelle Mensch zu gehen hat, erzählen. Rudolf Geiger nennt das Märchen einen in verschiedenen Gestalten sich entfaltenden und dargestellten inneren Menschen.[9]

Die Symbolik der Märchen ist nicht immer gleich, sie wechselt in den verschiedenen Kulturepochen. Einige Symbole findet man auch in der alten Mysterienweisheit. In den Mithrasmysterien, die die Römer über ganz Westeuropa verbreiteten, waren zum Beispiel «Falke», «Rabe» und «Löwe» die Namen für Einweihungsgrade. Diese Bilder finden wir auch in den Märchen. Ein tiefgehendes Verständnis für die Bildsprache der Märchen hatten Rudolf Meyer, Friedel Lenz[10] und der schon erwähnte Rudolf Geiger. Ihre Bücher geben einen fesselnden Einblick in die Bedeutung der Märchen.

Es würde den Rahmen dieses Buches sprengen, das ganze Spektrum der Märchen der verschiedenen Kulturepochen und der verschiedenen Weltgebiete zu besprechen. Beim Lesen und Lauschen kann man einen Eindruck ihrer Verschiedenheiten erhalten, man könnte sagen, der Verschiedenheiten der »Mär«.

Einige Märchen der Indianervölker aus Nord- und Südamerika handeln vom Schicksal der Menschheit während der lemurischen und atlantischen Epoche unserer Erde.[11] Gewisse Märchen aus Indien und Ägypten berichten über die Sintflut, möglicherweise als Andeutung auf den Untergang von Atlantis. (Auch die «Sintflut» im Alten Testament deutet darauf hin.) In tibetanischen Märchenbildern erkennt man etwas von der Entwicklung der menschlichen Seele während der ersten 21 Jahre. Das gleiche findet man in den mitteleuropäischen Märchen, z. B. bei den Gebrüdern Grimm, hier vor allem hinsichtlich der Phase zwischen 14 und 21 Jahren. Skandinavische, russische und sibirische Märchen geben einen Einblick in die Entwicklung des Menschen zwischen dem 21. und 42. Lebensjahr und auch für die Zeit danach. Darüber hinaus zeugen Märchen aus verschiedenen Ländern und Völkern in eindrucksvollen Bildern vom menschlichen Schicksal und davon, wie man lernen kann, damit umzugehen. Das arabische «Teppich»-Märchen und das europäische «Kreuz»-Märchen sind Beispiele dafür. Die letztgenannten werden im Kapitel «Das persönliche Schicksal» erwähnt.

Zuletzt noch eine Warnung: In den folgenden Kapiteln werden einige Bilder der Märchen gedeutet, so daß dem Leser auf die Spur geholfen wird, mit der Bildsprache umgehen zu können. Dies ist selbstverständlich für den Erwachsenen gemeint! Man darf Kindern nie die Märchen erklären. Das Kind lebt selbst noch einigermaßen in dieser Bilderwelt. Im Kinde wiederholt sich die Menschheitsentwicklung, so daß es noch nicht in einer deutenden Art über die Dinge nachsinnt, sondern Wahrheit und Wirklichkeit vielmehr in den Bildern erlebt. Märchenbilder den Kindern zu erklären verhindert, daß sie ihre bildenden Kräfte und damit ihre Phantasie entwickeln.

Wie die Märchen im Leben der Erwachsenen eine Quelle der Lebenskunst sein können, möge aus den folgenden Kapiteln hervorgehen.

ERSTER TEIL

Die erste Lebensphase Von der Geburt bis zum 21. Jahr

Die Entwicklung bis zum 21. Jahr

Unser Lebenslauf kann auf verschiedene Arten gegliedert werden. Neben dem Sieben-Jahres-Rhythmus gibt es eine Einteilung in drei große Abschnitte, jede davon wieder gegliedert in drei mal sieben Jahre: nämlich der Abschnitt von der Geburt bis zum 21. Jahr, vom 21. bis zum 42. Jahr und vom 42. bis zum 63. Jahr. Natürlich sind dies keine absoluten Grenzen. Der eine Mensch ist schon mit 18 Jahren mehr oder weniger erwachsen, ein anderer wird es später werden. Zudem kann es sein, daß ein Mensch in seinem Fühlen weiter entwickelt ist als in seinem Denken oder Wollen, so wie es auch intellektuelle Größen gibt, die im Gefühlsmäßigen noch mit Pubertätsproblemen kämpfen. Trotzdem kann man einen globalen Sieben-Jahres-Rhythmus wahrnehmen. Die Bedeutung dieser Epochen wird jetzt nacheinander betrachtet.

Die Zeit vor der Geburt, das im wahren Sinne des Wortes «Guter-Hoffnung-Sein» der Eltern, wird hier außer acht gelassen. Je nach Haltung der zukünftigen Eltern kann in dieser Epoche schon eine intime Verbindung zum Kind geknüpft werden. In meiner Praxis habe ich Menschen mit ernsthaften psychiatrischen Beschwerden gehabt, bei denen es wohl von Bedeutung war, daß sie vor ihrer Geburt nicht erwünscht waren. Andere wieder konnten sich trotz dieser Gegebenheit gesund entwickeln.

Von der Geburt bis zum 7. Jahr

Was braucht das kleine Kind für seine Entwicklung? Selbstverständlich die Befriedigung der ersten Lebensbedürfnisse wie Schutz, Kleidung und Nahrung. Unerläßlich sind daneben: eine warme, liebevolle Haltung der Erzieher, eine gute Umgebung, um nachahmen zu können, und Religion. Was ich unter dem zuletzt Genannten verstehe, wird im folgenden deutlich.

Eine warme, liebevolle Haltung der Erzieher hat das kleine Kind nötig, so wie die Pflanze Sonnenlicht braucht, um wachsen und sich entfalten zu können. Durch die warme körperliche Annäherung der Erzieher, durch die innere Andacht während dem Waschen, Windelwechseln, Spielen und Stillen lernt das Kind, was Kontakt ist. Der liebevolle Blick während dieser Handlungen, aber auch die liebevollen Gedanken bei anderen Momenten verstärken das gegenseitige Band und entwickeln beim Kinde die erste Veranlagung, um im späteren Leben Beziehungen knüpfen zu können. Die Möglichkeit, Kontakt pflegen zu können, wird also schon von der Geburt an geschaffen! (Die Grundlage wird jedoch schon während der Schwangerschaft durch die Eltern gelegt, im besonderen durch die Haltung der Mutter: guter Hoffnung sein.) Andacht schenken, Interesse haben für das, was das kleine Knd tut, entdeckt und spielt, gehört zum Erschaffen der «Kontaktfähigkeiten», welche später im besonderen der junge Mensch in der Pubertät und der Heranwachsende nötig haben, um sich in der Welt behaupten und darin ihren Weg finden zu können.

In meiner Praxis begegnete ich oft verzweifelten Eltern, die mir erzählten, daß zum Beispiel ihre siebzehnjährige Tochter nicht mehr auf sie höre, daß der Kontakt zu ihr abgebrochen sei. Auf meine Frage, ob sie je dem kleinen aufwachsenden Kind zugehört und Teilnahme an dessen Tun und Lassen gezeigt hätte, war die Antwort meistens verneinend. Umgekehrt sagen viele Erwachsene über ihre eigene Kinderzeit: «Ich bekam zu Hause alles von meinen Eltern, außer Wärme.»

Kontakt pflegen mit den eigenen Kindern fängt bei der Geburt an und nicht erst, wenn sie vierzehn sind. Bei gewissen Kindern ist die Möglichkeit, Kontakt zu pflegen, sozusagen abwesend, ungeachtet der Aufmerksamkeit, die die Eltern ihnen zukommen lassen. Aber dies sind Ausnahmen; dieser sogenannte Autismus kann – vor allem für die Umgebung – eine sehr schwere Aufgabe für das Schicksal sein.

Das kleine Kind braucht liebevolle Umhüllung und Sicherheit. Man soll kleine Kinder deshalb besser nicht allein zu Hause lassen. Natürlich kann der Erzieher den schlafenden Säugling kurz allein lassen, um einen raschen Einkauf zu machen, aber ein ganzer Vormittag, Mittag oder Abend ist zu lange. Auch das ganz kleine, schlafende Kind scheint dieses Allein-Sein wahrzunehmen, und wenn das jeden Tag vorkommt, fühlt es sich einsam und verlassen – ein Seelenzustand, der bei manchen das ganze Leben fortdauert. Auch kann das ständige Allein-gelassen-Werden bleibende Kontaktschwierigkeiten und Ängste hervorrufen. Liebevolle, warme Umhüllung ist im frühen Lebensalter für eine gesunde Entwicklung genau so wichtig wie Nahrung.

Man könnte es noch anders sagen: Wenn das Kind sich in den ersten Jahren nicht an den Erzieher schmiegen durfte, dann wird es sich später kaum loslösen können. Dies wird dann zu einer der Ursachen, weshalb ein Sohn oder eine Tochter von den Eltern emotionell abhängig bleiben, und es ist mit ein Grund dafür, daß Erwachsene in eine Abhängigkeit von ihren Mitmenschen geraten. Ihr Bedürfnis, sich an jemanden anzulehnen, wurde in der Phase, da dies wesentlich war, nicht befriedigt. Und deshalb können sie sich jetzt nicht von anderen loslösen. Ein Mensch, der als Kind «in der Kälte stand», wird später «Wärme» suchen auf eine abhängige Art. Dies wird ihn dann als erwachsenen Menschen nicht befriedigen, denn als solcher sucht er ja eigentlich die Wärme und das Verständnis auf gleicher Ebene, partnerschaftlich und nicht in Abhängigkeit. So bleibt ein Gefühl von Unerfülltsein bestehen.

Das kleine Kind lernt hauptsächlich durch die *Nachahmung*. Der gesunde Säugling, das Kleinkind und das Kind im Kindergartenalter sind ganz Sinnesorgan und haben einen deutlichen Willen zum Nachahmen.

Die Verantwortung derjenigen, die um die Atmosphäre in der Umgebung des Kindes besorgt sind, nämlich der Erzieher, ist deshalb groß. Dies möge an einigen Beispielen verdeutlicht werden.

Das Kind lernt sprechen, indem es die Laute nachahmt. Wenn es also um sich herum gute Sprache hört, wird es diese übernehmen. Sprechen die Erzieher die Brabbelsprache des Kindes nach, weil sie diese so niedlich finden, dann besteht die Gefahr, daß das kleine Kind diese Sprache die erste Zeit nicht mehr losläßt.

Wenn Probleme durch die Menschen der Umgebung mit viel Lärm und Zank vorgebracht werden, dann wird dieses Beispiel nachgeahmt werden: auch das Umgekehrte, wenn Uneinigkeit auf eine ruhige Art besprochen wird. Natürlich gibt es daneben noch andere Faktoren, die das Benehmen des Kindes bestimmen, so etwa das Temperament.

Es können sich bei alldem auch lustige Situationen ergeben. Beispielsweise wenn ein Kind beginnt, merkwürdige Bewegungen mit den Armen zu machen und der Erzieher nach einiger Zeit merkt, daß er sich selber «in einem Spiegel» sieht: Das Kind ahmt nur die unwillkürlichen Bewegungen nach, die wir Erwachsenen machen.

Wenn das Kind den ganzen Tag Radiolärm hört oder fernsieht, dann wird es sich daran so gewöhnen, daß es die Stille nicht mehr ertragen kann. Diese Medien üben, noch abgesehen vom Inhalt der Radio- und Fernsehprogramme – es gibt deutliche Hinweise, daß sogar die Gewalt in Zeichentrickfilmen schädliche Spuren hinterläßt –, physiologisch einen störenden Einfluß auf das kleine Kind aus.[12] Eine andere negative Erscheinung bewirkt die Schein-Stimme des Radios oder das Schein-Bild des Fernsehers. Die Kinder gewöhnen sich derart daran, daß sie auf die echte menschliche Stimme und die direkte Wahrnehmung der Realität nur noch reduziert reagieren.

Zusammenfassend können wir sagen, daß dieses Nachahmungsbedürfnis und Hineinlebenwollen des Kindes am besten mit ausgeglichenen und ursprünglichen Eindrücken genährt werden sollte.

Eine andere Form der Seelennahrung, die das Kind braucht, ist Religion. Hiermit ist nichts im Sinne einer kirchlichen Lehre gemeint. Was aber dann? Dem kleinen Kinde zuhörend, merken wir, daß es ein fortwährendes religiöses Erleben hat, von dem aus es eindringliche Fragen stellt, welche vom Erzieher beantwortet werden sollen. Ein deutliches Beispiel dafür ist ein fünfjähriger Knabe, der auf einem Spaziergang mit seinem Vater in den Dünen eine tote Möwe sieht und fragt: «Wo ist sie jetzt?»

Wieso lebt beim kleinen, noch unbefangenen Kind das Bedürfnis nach Religion so stark? Natürlich brauchen Kinder einen Halt auf ihrer Reise durch die Welt, den sie auch in ihrem späteren Leben bei sich fühlen können. Dieses Bedürfnis nach Sicherheit kann jedoch nicht die einzige Erklärung sein. Das Folgende kann uns möglicherweise weiterhelfen.[13]

Wenn ein menschliches Wesen als Kind aus der geistigen Welt in einen Erdenleib geboren wird, dann ist jene Welt für es noch eine Realität. Deshalb hat das kleine Kind noch etwas Unbefangenes, Unschuldiges, sogar etwas Strahlendes um sich herum. Es ist die Umgebung, die es gerade verlassen hat, die noch spürbar in ihm wirkt und die es ausdrückt, sobald es gelernt hat zu sprechen. Es will die Verbindung mit dieser Welt aufrechterhalten, auch wenn es sich nach dem siebten Lebensjahr auf die physische Welt ausrichtet. Es gehört zu den Aufgaben des Erziehers, diese Verbindung zu fördern, indem er in die Erziehung ein religiöses Element mit einbezieht. Dem religiösen Gefühl des Kindes begegnet der Erzieher mit Ernst und Respekt und unterstützt es durch Sprüche oder Gebete, durch eine bewußte Aufmerksamkeit auf die Jahreszeiten und vom fünften Lebensjahre an auch durch die Märchen. Vom sechsten Jahre an ist die Empfänglichkeit für Märchen und religiös gefärbte Geschichten am stärksten. So gegen das vierzehnte Jahr wird ein Alter erreicht, wo der junge Mensch bewußter die Verbindung zur geistigen Welt suchen sollte.

Wenn die Erzieher die obigen Vorschläge – selbstverständlich in ihrer eigenen Weise – anwenden können, tragen sie dazu bei, daß das Kind sich auf eine gesunde Art entwickeln kann, weil so nicht nur der Leib, sondern auch die Seele ernährt wird.

Welche Gefahren drohen, wenn die obigen Elemente in der Erziehung fehlen? Im Hinblick auf die vielen Lebensgeschichten, die mir anvertraut wurden, kann ich das Folgende darüber sagen.

Bei fehlender Andacht, Wärme und Umhüllung können sich Einsamkeitsgefühle, Angst und Kontaktstörungen entwickeln, welche später zu einer Ich-Schwäche, zu einer Abhängigkeitsproblematik und in extremen Fällen sogar zur Selbsttötung führen können. Das Fehlen guter Nachahmungsmöglichkeiten kann einen Rückstand der körperlichen und intellektuellen Entwicklung herbeiführen, einen Mangel an Ausdauer oder ein gehetztes Gefühl bewirken, das das ganze Leben beeinflussen kann. Das Fehlen von religiöser Nahrung kann einen Mangel an Halt, an Mut bewirken und die Entwicklung einer eigenständigen moralischen Haltung erschweren. Das Nicht-Erfüllen der Erziehung in dieser Phase, auch in den nächsten zwei Phasen, kann eine solche Enttäuschung gegenüber den Erwachsenen bewirken, daß eine aggressive Grundstimmung die Folge davon ist.

Vom 7. bis 14. Jahr

Ab dem sechsten, siebten Jahr kann das Kind zur Schule gehen. Warum nicht früher, werden manche Eltern fragen? Das hängt mit seiner Entwicklung zusammen. Es ist auffallend, wie sich die Körperproportionen beim Wachsen vom Säugling zum Kindergartenkind verändert haben. Aber erst ab dem sechsten, siebten Jahr wird das Bild des Kindergartenkindes mit seinen noch etwas kurzen Armen und Beinen abgelöst vom Bild des Schulkindes, wobei eine gewisse Harmonie zwischen Rumpf und Gliedmaßen entsteht. Das heißt, daß die Kräfte, womit sich das Kind bis zu diesem Alter gestaltet hat, jetzt nicht mehr ausnahmslos für die körperliche Entwicklung nötig sind. Ein Teil davon wird verfügbar, metamorphosiert, erfährt eine Gestaltveränderung und wird frei für das abstrakte Denken. Dies braucht das Kind, um den Schulstoff aufnehmen zu können. Diese Metamorphose, die beim einen Kind früher und beim anderen etwas später erscheint, drückt sich unter anderem im Zahnwechsel aus.[14]

Wenn wir das Kind vor der wirklichen Schulreife in die Schule schicken, kann es den Stoff nicht wirklich aufnehmen, weil ihm dafür noch das Organ fehlt. Seine Aufmerksamkeit wird nicht durch den Schulstoff in Anspruch genommen, und es wird sich langweilen oder richtet seine Aufmerksamkeit auf das, was es wirklich fesselt innerhalb oder außerhalb der Klasse. Wenn dies vom Lehrer nicht verstanden wird, erlebt er das Kind als «schwierig und lästig». Dies weckt dann beim Kind Unverständnis, Enttäuschung und Widerstand, was dann oft Strafe zur Folge hat.

Gleichzeitig mit dem Denkvermögen erwacht in dieser Phase die Aufmerksamkeit für die Außenwelt. Das Kind will *wissen*; es fragt, und es will Antwort bekommen. Wenn die aufblühende Teilnahme an seiner Umwelt nicht genügend verstanden und ernährt wird, kann diese Teilnahme schon im Keime erstickt werden. Für den Erzieher können die kindlichen Fragen eine Offenbarung sein, weil das Kind noch unbefangen wahrnimmt, was der Erwachsene nur noch mit großer Mühe kann.

Dieses Sich-Öffnen für die sinnliche Welt im siebten Lebensjahr offenbart sich als Bild im Märchen vom Rotkäppchen (Grimm). Rotkäppchen ist zu betrachten als die Seele, die auf der Suche nach der Großmutter ist (das Bild für die ursprüngliche Weisheit) und nun aufmerksam wird für die Blumen neben dem Pfad, das heißt, sie wird wach für die sie umgebende sinnlich wahrnehmbare Welt. Diese birgt jedoch in sich die Gefahr der Versuchung (der Wolf), der Ablenkung der Aufmerksamkeit vom Ursprung, von der geistigen Welt. Dies ist gewissermaßen schon für das Kind gültig. Im späteren Leben geht die menschliche Seele dann tatsächlich den Weg durch die Finsternis (den Bauch des Wolfes). Die Seele droht zu unterliegen, falls nicht der Jäger eingreift. Der Jäger ist das Bild für den Teil des menschlichen Wesens, der wachsam bleibt in Anbetracht der instinktartigen Entgleisungen und der die weitere Entwicklung verfolgt.

Wenn wir anstreben, daß das Kind in seinem weiteren Leben – wo der Mensch nun einmal mit Problemen, Verwicklungen und Streit, mit Krankheit und Trauer konfrontiert wird – einen Halt hat, dann hat die Erziehung, wie vorhin schon angedeutet, auch religiöse Bilder anzubieten, wodurch das Kind die Verbindung mit seinem Ursprung festhalten kann. Das ist der Halt, den der Mensch in seinem tiefsten Wesen verlangt. Dies ist in Märchen zu finden als das Bild des «besten Brotes» und «der besten Milch», die der Bauernsohn (das sich entwickelnde Ich) mitbekommt, wenn er in die Welt zieht, auf der Suche nach der Prinzessin (die sich entwickelnde Seele).

Was braucht das Kind in dieser Phase noch außer dem religiösen Element, um sich gleichmäßig entwickeln zu können? Es braucht das Beispiel des Erwachsenen, es muß die Gelegenheit haben, Ehrfurcht entwickeln zu können, und es muß Autorität erfahren können.

Für das erwachende Kind, das die sinnlich wahrnehmbare Welt zu entdecken beginnt, ist es für seine weitere Entwicklung von grundlegender Wichtigkeit, daß diese Welt ihm die Erfahrung des Guten und Schönen bieten kann. Damit ist nicht gesagt, daß dem Kind die negative Seite des Lebens vorenthalten werden soll, wenn das überhaupt möglich wäre, sondern gemeint ist, daß das Kind Vertrauen in die Welt haben kann.

Das *Vorbild*, das ihm vorgelebt wird, gibt ihm die Gelegenheit, etwas Gutem nachzustreben und in sich aufzunehmen, so daß es damit selber weiterkommen kann. In den Märchen können wir dies erleben im Bild des Prinzen, der in die Welt zieht auf der Suche nach der Prinzessin und nun «das beste Roß» und «die beste Rüstung» mit auf den Weg bekommt. Dies sind Bilder für das, was der junge Mensch als Erziehung mitbekommen hat.

Auch eine schöpferische Lebenshaltung kann durch die Eltern – durch ihre eigene Haltung – gefördert und entwickelt werden. Das Sprichwort «so wie die Alten sungen, so pfeifen die Jungen» deutet hin auf eine alte Volksweisheit hinsichtlich der Bedeutung des Vorbildes. Es ist deshalb von grundlegender Wichtigkeit, wie der Erzieher mit seinen Problemen, Enttäuschungen, Emotionen und mit Menschen umgeht. Aufrichtigkeit, Respekt und eine interessierte, aktive und positive Haltung vermögen das Kind tief in seinem Wesen anzusprechen: Sie sind erkennbar und deshalb aufnehmbar. Es will sich identifizieren mit den «vorbildlichen» Eltern oder dem Erzieher. Jedermann kann erkennen, wie wichtig das eigene Benehmen für die Gestaltung der Seele des Kindes ist.

Damit direkt verbunden ist die *Ehrfurcht*. Für seine Haltung im späteren Leben ist es wichtig, daß das Kind lernt, was Ehrfurcht ist. Wenn das Kind in dieser Phase lernt, Ehrfurcht zu hegen vor einem Menschen, wird es später in seinem Leben Ehrfurcht haben können vor echter Erkenntnis und der Wahrheit. Jedoch Ehrfurcht kann man nicht mit Worten beibringen. Sie wird übertragen durch das Vorbild, das wir geben.

Für ein Kind ist es herrlich und wichtig, wenn es Eltern hat, die selber etwas machen, basteln, etwas entstehen lassen. Das Kind lernt dadurch, daß Kleider oder Gebrauchsgegenstände nicht einfach plötzlich da sind, sondern allmählich entstehen. Wenn die Geschenke nicht immer aus dem Laden kommen, bewirkt dies zudem eine starke Verbindung zwischen Eltern und Kind. Es begreift, daß es seinen Eltern viel bedeutet, denn sie sind bereit, etwas für es zu tun, was Zeit und Anstrengung kostet. So kann das innere Band entstehen, das für die weitere Begleitung des Kindes und jungen Menschen bis zum Erwachsensein so notwendig ist. Es kommt nämlich der Moment, daß der Sohn oder die Tochter so groß geworden sind, daß sie durch äußere Autorität von einer – zumindest in den Augen der Eltern – unvernünftigen Handlung nicht mehr abzubringen sind. Das kann ein zweifelhaftes «Klassenfest» sein, eine gefährliche Tour in den Bergen oder das Nicht-an-die-Arbeitgehen-Wollen bei der

Schularbeit oder dem Studium. Man kann den sechzehn Jahre alten Sohn oder die Tochter nicht mehr buchstäblich festhalten. Jetzt kommt es auf das innere Band an, auf das gegenseitige Vertrauen zwischen Eltern und Kindern. Die Grundlage dafür wurde in der frühen Kindheit geschaffen.

Hier ist der Bereich der *Autorität* angesprochen. Wer in dieser Phase nicht die Gelegenheit gehabt hat, mit Ehrfurcht einen Menschen als Autorität anzuerkennen, ist in den folgenden Phasen nicht oder kaum in der Lage, das zu entwikkeln, was als soziales Gefühl, als Zuneigung des einen Menschen zum anderen angedeutet werden kann. Dieses Gefühl kann in der Pubertät nur aufkeimen in Ehrfurcht und Anerkennung einer Autorität. Wenn diese Gefühle nicht durch die Erzieher im aufwachsenden Kinde zwischen dem 7. und 14. Jahre geweckt wurden, dann können im Erwachsenenalter Lieblosigkeit und antisoziale Einstellung die Folge sein. Unter Autorität wird hier folgendes verstanden: die natürliche Überlegenheit über andere, die auf Wissen, Glaubwürdigkeit, Aufrichtigkeit und Respekt vor dem Unterlegenen beruht.

Wieso spielt die Autorität in der Erziehung eine so grundlegende Rolle? Um dies zu erkennen, müssen wir uns vor Augen halten, daß das Kind auf vielen Gebieten noch kein Selbstvertrauen hat; es führt gewisse Handlungen aus, weil es Vertrauen zu seinem Erzieher hat und die Erfahrung macht, daß dieser umgekehrt auch ihm Vertrauen schenkt. Wenn das Kind kleine Aufgaben selbständig erledigen darf, fördert dies seine eigene Aktivität, je nach Temperament. So ist es gut, kleine Kinder in der Küche helfen zu lassen, Schüsseln oder Pfannen von und zur Küche bringen zu lassen, bügeln, basteln, ein Rad flicken und aufräumen zu lassen. Je nach Alter kann man auch hinter dem Kinde hergehen oder in der Nähe bleiben. Jeder Versuch, der gelingt, wobei der Erzieher natürlich tolerant sein muß, gibt dem Kind Vertrauen zu sich selber und baut so auf die Dauer ein kräftiges Selbstvertrauen auf. Auch für den Erzieher ist es lehrreich, sich zurückzuhalten. Natürlich kann der Vater oder die Mutter es schneller, aber dadurch lernt das Kind nichts. Die Eltern üben hierbei Selbstbeherrschung und Geduld.

Aus der Autorität heraus wird das Kind auch gefördert, selbständig zu sein. Es macht das Erziehen auf der einen Seite so ermüdend, auf der anderen Seite so spannend, weil man sich mit dem Kinde beschäftigen muß. Aus der Literatur, aber auch aus Gesprächen mit Menschen, die sich langweilten, ging hervor, daß sie als Kind nie zu Aktivitäten angespornt wurden. An ein Geburtstagsfest, bei dem jedes Kind eine Tüte mit Süßigkeiten erhält und vor den Fernseher gesetzt wird, wird das Kind sich nicht mit Freude erinnern. Ein krasses Beispiel hat mir ein fünfzehn Jahre alter Junge erzählt: «Die Eltern waren noch zu faul, um an dem Tag etwas für mich zu tun. Manchmal wurde der Tag sogar vergessen. Ich erinnere mich an die Geburtstagsfeier einer Freundin, wo die Mutter die ganze Zeit dabei war und lauter Spiele mit uns machte oder uns irgendwohin mitnahm. Für so eine Mutter hat man schon etwas übrig.»

Noch von einem weiteren Gesichtspunkt aus ist Autorität in der Jugend wichtig für das weitere Leben. Ein Kind soll nicht mehr Raum und Freiheit bekommen, als es bewältigen kann.

Die Grenzen werden durch die Autorität des Erziehers gezogen und müssen – je nach dem, wie die Entwicklung weiter verläuft – geändert werden. Ein Kind muß Klarheit haben, sonst wird es verunsichert und ängstlich. Dies wird illustriert durch die Art, wie der physische Raum, in dem das Kind lebt, in gleicher Weise mitwächst wie seine Bedürfnisse. Zuerst ist da die Gebärmutter, dann die Wiege, dann etwas mehr Platz durch ein Bettchen oder ein Laufgitter, als nächstes das Zimmer, allmählich das Haus und der Garten oder der Balkon, dann die Straße, die Nachbarschaft, das Dorf oder die Stadt und so weiter. (Es ist interessant, wie sich dieser Raum beim Älterwerden wieder verkleinert.) Was für diesen Raum gilt, gilt ganz allgemein für den Freiheitsraum, dem das Kind gewachsen ist. Es kann ein Kind mittags oder am frühen Abend die Frage stellen, ob es draußen spielen darf. Die Antwort lautet dann zum Beispiel. «Nein, es ist kalt draußen, und wir gehen alle zusammen morgen fort, und da können wir kein krankes Kind gebrauchen.»

Hier tritt noch ein weiterer wichtiger Gesichtspunkt hervor. Wir können dem Kind wohl erklären, wieso wir ihm seinen Wunsch nicht genehmigen können, obwohl einige Male das «weil ich es nicht will», ohne elterlichen Kommentar, auch nötig sein wird. Was aber auf alle Fälle vermieden werden muß, weil es besonders ungesund ist, ist das Diskutieren, das Argumentieren. Es hat keinen Sinn, mit Kindern unter 12 Jahren zu argumentieren, weil sie in diesem Alter noch keine «Rede» haben; diese erwacht erst später, um das 12./13. Jahr herum.

Eltern haben es manchmal schwierig mit solchen Ratschlägen. Das kommt daher, daß man nicht einsieht, wie tief jede pädagogische Maßnahme ins Leibliche des wachsenden Kindes eingreift. Was passiert, wenn wir zu früh mit dem Kinde anfangen zu argumentieren? Weil die Vernunft noch nicht erwacht ist, muß das Kind dafür Kräfte in Anspruch nehmen, die für das Wachstum bestimmt sind. Der Pädagoge und der Arzt, die sich in diese Zusammenhänge vertiefen, erkennen am Körperbau, mit welchen Kindern zu früh auf intellektuellem Niveau argumentiert wurde. Wenn das Kind zudem die Möglichkeit sieht, die Argumente des Erziehers zu widerlegen, dann gibt es vielleicht kurzfristig ein kindliches Triumphgefühl, aber es zeigt sich schnell eine unterschwellige Traurigkeit, denn «unterlegene» Eltern sind keine Stütze und geben keine Sicherheit.

Ein elfjähriges Mädchen, das aufgrund von Depressionen und Schlafstörungen regelmäßig zu mir in die Sprechstunde kam, kam eines Tages herein, setzte sich und sagte: «Ich habe ihn wieder so weit, daß ich meinen Willen bekomme. Was hat man denn an so einem Mann, bei dem man alles durchdrücken kann?» Sie erzählte mir auf diese Weise, daß ihr Vater ihr etwas verboten hatte, daß es ihr aber gelungen war, seine Argumente sozusagen zu widerlegen, worauf er das zuvor Verbotene dann doch erlaubt hatte.

Eine solche Haltung macht das Kind unsicher. Es will spüren, wo die Grenzen liegen, weil nur das Ruhe gibt. Ein weiteres Beispiel möge dies verdeutlichen.

Ein acht Jahre altes Mädchen, das ernstliches Herzklopfen hatte, kam zu mir, vom Hausarzt geschickt, für eine Untersuchung, weil der Kardiologe keine physische Abweichung finden konnte. Es war ein liebes, gesund aussehendes Mädchen, mit dem sehr einfach Kontakt aufzunehmen war. Die Eltern waren sorgsame Leute, die – das stellte sich später heraus – auf eine zu nachgiebige Art mit ihren Kindern umgingen. Es zeigte sich, daß Josienchen um halb vier aus der Schule kam und eine Viertelstunde später zu Hause sein konnte. Sie kam jedoch oft eine halbe Stunde später. Die Mutter fand dies unerfreulich, murrte ein wenig, aber tat nichts. Nachdem sie etwas gegessen oder getrunken hatte, ging sie draußen spielen, versprechend, daß sie um sechs Uhr, vor dem Essen, zu Hause sein würde. Es wurde halb sieben, so daß die Familie meistens schon fertig war. Man sprach ihr ernsthaft zu, aber das half nichts. Am Abend hatte sie Angst, ins Bett zu gehen. Sie legte sich angekleidet auf das Bett der Eltern, das im unteren Stock war, und erst als sie eingeschlafen war, zog ihre Mutter sie aus. Der Vater trug sie dann die Treppe hinauf in ihr eigenes Zimmerchen, wo das Licht brennen blieb. – Den Eltern wurde erklärt, daß das Herzklopfen eine Äußerung von Angst war, die sich auch beim Zu-Bett-Gehen offenbarte, und daß dies alles die Folge einer zu großen Freiheit war, die das Kind nicht bewältigen konnte. Es war ängstlich und verunsichert geworden und fühlte sich unbewußt verlassen durch das Versagen der elterlichen Autorität.

Es wurden deutliche Regeln aufgestellt und vereinbart, darüber miteinander zu sprechen, und falls sie sich darüber einig waren, diese Regeln dem Kinde aufzuerlegen. Das

Kind würde dann wissen, welche Privilegien eingezogen würden, wenn es wieder zu spät käme. Zudem wurde ohne weiteres abgemacht, daß Josienchen abends selber in ihr eigenes Bett gehen würde, ein kleines Lämpchen sollte brennen bleiben. Nach einigen Tagen besprachen die Eltern alles mit dem Kind. Seine einzige Reaktion auf diese Abmachung war ein tiefer Seufzer. Nach vierzehn Tagen schlief sie ausgezeichnet, und das Herzklopfen war verschwunden.

Außer Angst, Unsicherheit und körperlichen Beschwerden kann das Versagen der Autorität zur Folge haben, daß das Kind diese herausfordert. Das Kind trotzt, um die Grenzen, die von den Eltern gezogen werden, herausfinden zu können. Das kann sich bis zur Aggression oder Zerstörungssucht steigern. Wenn die Eltern hier untätig bleiben und nicht vernünftig eingreifen, verinnerlicht das Kind diesen Handlungsrahmen, was später zu großen Problemen führen kann. Ein paar Beispiele mögen dieses verdeutlichen.

Ein achtjähriges Mädchen fand beim Nach-Hause-Kommen von der Schule die Mutter nie daheim. Die Mutter wie der Vater hatten unregelmäßige Arbeitszeiten. Deshalb ging es, obwohl es einen Schlüssel hatte, nie nach der Schule nach Hause. Es klingelte bei der Mutter eines Nachbarkindes und half dort im Hause mit; es war liebevoll und behilflich. Eines Tages fing es an, das Nachbarkind, das Töchterchen, zu schikanieren und sorgte dafür, daß es bei den Spielen auf der Straße überall ausgeschlossen wurde. Im eigenen häuslichen Kreis entfaltete es sich nach einigen Jahren zu einer Intrigantin, die jeden gegen jeden aufstachelte, so daß immer Zwist um sie herum war.

Ein 56 Jahre alter Mann, der in zunehmendem Maße in Autoritätskonflikte geriet, sowohl zu Hause als auch in seiner Arbeitsumgebung, bat um Hilfe, weil er darunter litt und depressiv geworden war. Er kam aus einer großen Familie, wo man tüchtig arbeitete und die Mutter keine Zeit hatte, sich mit jedem Kinde einzeln zu beschäftigen. Trost bei

Kummer und Schmerz gab es nicht. Er erinnerte sich, daß er als ungefähr Achtjähriger sonntags schön angezogen mit Freunden spielte und manchmal in einen Wassergraben fiel. Wenn er dann nach Hause kam, erhielt er gehörig Prügel und wurde von der Mutter eigenhändig in der Wanne gewaschen. «Dies war die einzige Gelegenheit, bei der ich warme Zuwendung von ihr erhielt, und dies lockte ich regelmäßig hervor. Ich bekam dann wohl Prügel, aber schließlich auch Aufmerksamkeit.»

Auch ein Übermaß an Autorität, das heißt Überbesorgtheit oder autoritäres Benehmen, kann schädlich sein. Die überbesorgte Mutter, die ihr Kind nichts tun läßt, «weil es sich weh tun könnte», oder die kaum zuläßt, daß es sich auf der Straße selbständig zwischen anderen Kindern zu behaupten lernt, oder es viel zu warm anzieht, «damit es nicht krank wird», erreicht so, daß ein Kind ängstlich und unsicher wird oder sich gegen diese einengende Haltung zu wehren versucht. Wenn der Erzieher die Hindernisse im Leben immer aus dem Weg räumt oder ihnen zuvorkommt, dann entwickelt sich das Kind nicht zur Selbständigkeit.

Der Erwachsene, der, ohne nachzudenken, etwas verweigert, weckt enorme Widerstände, wenn die Verweigerung nicht gerecht ist. Auch Einschließen in einen dunklen Schrank oder andere an Mißhandlung grenzende Strafen, das sogenannte «Abhärten», wecken Widerstand und erschüttern das Kind in seinem Vertrauen und Gerechtigkeitsgefühl. Denn jedes Kind hat – wie schon erwähnt – ein angeborenes Gefühl für Gerechtigkeit und spürt genau, ob eine Verweigerung sinnvoll ist oder nicht. Wenn dergestalt Autorität zur Gewohnheit wird, entsteht Widerstand gegen dieses Verhalten, was dazu führen kann, daß sich der Erwachsene allem widersetzt, was er als Autorität erlebt. Zuviel genauso wie zuwenig Autorität in den Kinderjahren – beides ist als Vernachlässigung aufzufassen – können Anlaß für Autoritätskonflikte im späteren Leben sein.

Jedes Kind braucht in dieser Lebensphase die Autorität; es will und muß wissen, wo es steht, es muß wissen, was es darf und was nicht, was gut und was schlecht ist. Hierfür tragen die Erzieher die Verantwortung. Die Erziehung muß *liebevoll konsequent* sein. Autorität und Vertrauen spielen auch eine große Rolle beim Gestalten der Moral und der Urteilskraft in der nächsten Lebensphase. Obwohl fast jedes Kind ein natürliches Wissen von gut und böse hat, möchte es dieses bestätigt sehen. Was schön oder häßlich ist, was im Moralischen akzeptabel ist oder nicht, kann das Kind nicht wirklich beurteilen. Es prüft dann auch innerlich das Urteil des Erziehers über gut und böse, schön und häßlich, akzeptabel oder inakzeptabel. Dieses Vertrauen in die Autorität des Erziehers ist die Grundlage für die eigene freie Urteilskraft im weiteren Leben. Unsicherheit des Erziehers in dieser Lebensphase des Kindes kann dazu beitragen, daß dieses sich unsicher fühlt, selbst ein Urteil zu fällen, was zur Folge hat, daß es in der nächsten Phase manipulierbar ist, nicht weiß, wie es sich verhalten soll und die Meinungen anderer übernimmt, ohne sich ein eigenes freies Urteil gebildet zu haben.

Durch eine inkonsequente Haltung der Erzieher entwickelt das Kind auch keinen *Mut,* den es besonders um das zehnte Jahr so nötig hat. In diesem Alter entwickelt sich etwas, das sich als Kritik an anderen und als Selbstkritik äußert. Man glaubt dann zum Beispiel, daß man nicht rechnen oder zeichnen kann oder etwas Ähnliches. Die Atmosphäre von Geborgenheit in den ersten Schuljahren ist nicht mehr da, das Kind merkt, daß seinem Einsatz und seinem Benehmen anderen gegenüber neue Anforderungen gestellt werden. Der Viertkläßler betrachtet sich und andere mit anderen Augen. Und mit der dann entstandenen Unsicherheit – das Kind betritt einen neuen Weg – umgehen zu können, hat es Mut nötig. Diesen kann allein der liebevolle, konsequente und aufrichtige Erzieher geben.

Zuletzt gibt es noch eine Quelle der Angst und Unsicherheit, die am Schluß der Besprechung dieser Phase nicht ungenannt bleiben soll.

Was bedeutet die *Scheidung* der Eltern für das Kind in den Entwicklungsphasen bis zum vierzehnten Jahr? Aus dem Vorhergehenden möge deutlich geworden sein, was die Eltern tun können, um für die Kinder einen Lebensatmosphäre zu schaffen, die eine möglichst harmonische Entwicklung fördert. Gewiß spielen das Temperament und das Lebensschicksal des Kindes selbst auch eine Rolle. Ruhe, Harmonie, und Autorität aber sind entscheidende Faktoren. Schwierige Probleme, Spannungen zwischen Menschen, zweifelhafte Themen sollen besser nicht in Anwesenheit der Kinder besprochen werden. Die Einheit zwischen Vater und Mutter oder die konsequente Haltung des alleinlebenden Elternteiles gibt ein sicheres Gefühl. Sobald Streit entsteht, empfindet ein Kind das als ungut. Wenn die Streitigkeiten andauern, fühlt sich das Kind unsicher, besonders dann, wenn es so weit kommt, daß ein Elternteil wütend das Haus verläßt. Die Angst, daß er nie mehr zurückkommt, raubt dem Kind den Boden unter den Füßen. Es schläft nicht mehr. Vor allem in der Schule können Angst, Unsicherheit und Konzentrationsschwierigkeiten auftreten. Manchmal entsteht ein unangemessenes, aggressives Benehmen, dessen Ursprung vorerst unbekannt ist.

Daß solche Erfahrungen das Vertrauen zum anderen Menschen ernsthaft untergraben können, erweist sich aus der Geschichte eines neunzehnjährigen Mädchens. Über ihren Vater erzählte es: «Er küßte mich morgens, ich war damals neun Jahre alt, so wie immer, bevor er zur Arbeit ging. Am Abend aber kam er nicht nach Hause, und ich habe ihn nie mehr gesehen. Mutter erzählte mir später, daß er für immer weggegangen war. Ich habe das nie vergessen, und es hat mir einen Knacks im Vertrauen zu Menschen gegeben. Gerade jetzt, wo ich in meiner Abiturphase bin, erlebe ich, wie er uns damals im Stich gelassen hat.»

Die Welt des Kindes bricht zusammen, wenn die Eltern sich scheiden lassen. Es kann das als «sterben» erleben, wie wenn der «Tod» in der Nähe ist. Dies äußert sich dann unter anderem im Traum und in Phantasien. Wie sensibel Kinder sind, möge das folgende Beispiel zeigen.

Ein zwölf Jahre altes Mädchen träumte seit einiger Zeit immer wieder vom Tod, und sie sprach fortwährend zu ihren Eltern über ihre Angst zu sterben. Weder das Gespräch mit dem Kind noch das mit der Mutter konnten diese Gedanken erklären. Es war eine wohlhabende Familie, die im großen und ganzen in guter Harmonie lebte. Als am Schluß des Gesprächs der Mutter die Frage gestellt wurde, ob je über eine Scheidung gesprochen wurde, verneinte sie dies. Eine Woche später bat sie jedoch um ein neues Gespräch, und nun stellte sich heraus, daß vor einigen Monaten eines Abends, während einer akuten Krise zwischen den Eltern, einer der beiden mit der Scheidung gedroht hatte. Der Streit hatte sich gelegt. Die Kinder konnten davon nichts wissen, so erzählte die Mutter, weil nie darüber gesprochen wurde, und außerdem lag das Elternschlafzimmer außer Hörweite der Kinderzimmer. Es war aber klar, daß dieses Kind die Situation unbewußt doch wahrgenommen und als bedrohlich empfunden hatte. Was ihm am liebsten war, das elterliche Band, welches es gezeugt hatte, drohte zu «sterben». Nachdem die Eltern dies erkannt hatten, waren die Beschwerden nach einigen Wochen verschwunden.

Auch das im Laufgitter spielende Kind oder das schlafende Kind nimmt viel mehr wahr, als den Eltern im allgemeinen bewußt ist.

Wenn Leute meinen, daß eine Scheidung die einzige Lösung ihrer Probleme ist, dann müssen sie sich gut beraten, was das für das kleine Kind bedeutet und ob das auch wirklich in seinem Interesse ist. Die Abhängigkeit von den Eltern ist eine Realität. Die Scheidung bedeutet für das Kind, daß es losgerissen wird aus seinem Halt; sein Existenzgrund schwindet unter ihm. Ihm werden Sicherheit und Vertrauen genommen, Trauer um den Verlust bleibt übrig – eine Quelle für Schuldgefühle: Wenn ich dem einen Elternteil folge, dann vernachlässige ich den anderen, den ich auch liebe.

Wenn eine Scheidung trotzdem unumgänglich ist, dann kann der Schaden für das Kind einigermaßen gering gehalten werden, wenn man versucht, eine negative oder feindliche Stimmung zu vermeiden. Das heißt, daß das Kind regelmäßig, am besten wöchentlich, den anderen Elternteil besuchen darf. Dort sollte es sein eigenes Zimmerchen oder Eckchen einrichten können; außerdem ist es wichtig, daß sich die Eltern nicht negativ übereinander äußern. Etwas von der Atmosphäre zwischen den Eltern, worin sich das Kind geborgen fühlt, bleibt dann unbeschadet.

Vom 14. bis zum 21. Jahr

Gegen das vierzehnte Jahr findet wiederum eine «Geburt» statt; eine neue Lebensphase beginnt. Was das Kind als ererbte Eigenschaften mitbekam, hat es mehr oder weniger überwunden durch die verschiedenen Kinderkrankheiten.[15] In der Pubertät, etwa vom 12. Jahre an, erwacht dasjenige, was es aus dem Vorgeburtlichen, aus der geistigen Welt mitgenommen hat. Man könnte sagen: Das Eigene, die eigene Seele, das, was ganz vom Kinde selber ist – unabhängig von der Erziehung und der Erblichkeit –, erwacht. Fing das Kind mit dem siebten Lebensjahr an, die Umwelt mit den Sinnen wahrzunehmen, fängt es jetzt an, mit dem vierzehnten Lebensjahr, diese Welt bewußter zu erleben. Freude, Trauer, Begierden werden erlebbare Realitäten.

Dies wird durch D. Udo de Haes im Märchen *Die Wagenspur*[16] auf eine feinfühlige Art beschrieben. In diesem Märchen wird vom alten Michiel erzählt, der in einem nördlichen Land allein, weitab von den Menschen wohnt. Er baut Gemüse und Früchte an, die er einmal im Monat auf seinem Leiterwagen zur nächstgelegenen Stadt bringt und sie dort verkauft. Eines Morgens findet er vor seiner Haustüre einen kleinen schlafenden Knaben, der dort von bettelnden umherziehenden Leuten aus Armut zurückgelassen worden war. Als er das Kind zur Nachbarsfrau bringen will, die nur zehn Minuten entfernt wohnt, streckt das Kind seine Händchen nach ihm aus. Der alte Mann ist derart gerührt, daß er beschließt, den Knaben selbst zu erziehen.

Das Kind wächst heran, und es hilft bald mit im Garten und beim Beladen des Wagens. Obschon das Kind darum bittet, wagt der Alte nicht, es auf seine monatlichen Fahrten mitzunehmen. Es wird jedoch immer älter und die Fahrt immer schwieriger.

Als der Junge zwölf Jahre alt geworden ist und sie wieder gemeinsam den Wagen beladen haben, wird beschlossen, daß er mitgehen darf, um ihm zu helfen. Es ist bald Ostern, und die Vögel singen, als ob es schon Frühling wäre. Als aber am nächsten Tag alles mit Schnee bedeckt ist, wagt es der alte Mann nicht, den zarten Jungen mit auf den Weg zu nehmen und geht deshalb allein fort. Christian bleibt zu Hause. Als er aber den alten Mann allein durch den Schnee stapfen sieht, vornüber gebeugt, um den Wagen zu schieben, erwacht in dem Jungen ein Gefühl, das er noch nicht kennt. Er erlebt zum ersten Mal, daß er seinen Pflegevater liebt. Während er zum Fenster hinausschaut und den alten Mann sich so abplagen sieht, schreit in ihm etwas auf. In Gedanken zieht er mit seinem Vater mit, aber zu gleicher Zeit fühlt er ein ängstliches Schaudern: Was wird meinem Vater geschehen, dort in der endlosen Schneewüste? Noch nie zuvor war er so besorgt um seinen Vater.

Soweit zu den erwachenden Gefühlen des zwölfjährigen

Jungen. Die Geschichte erzählt dann weiter von den Erlebnissen des alten Mannes, der Tage später todkrank und durchfroren in der Stadt ankommt. Seine Ware hat er verloren. In seiner Sterbestunde, an der Stadtmauer kauernd, sieht er Christian als leuchtende Gestalt auf ihn zukommen, wiederum mit ausgestreckten Armen, diesmal jedoch, um die Seele des Michiel aufzunehmen.

Das Kind hört auf, Kind zu sein, wird Jüngling oder junge Frau. Nach den körperlichen Veränderungen um das vierzehnte Jahr herum offenbaren sich neue innere Erlebnisse mit enormer Kraft. Der eigene Körper und derjenige des anderen findet mehr Beachtung. Die Gefühle sind anfangs noch ungezügelt, sie werden noch nicht beherrscht. Dieses Stadium ist wichtig zum ersten Kennenlernen dessen, was in der erwachenden eigenen Seele vorgeht. Der junge Mensch muß versuchen, seine erwachende Seele zu entdecken, sich selbst zu suchen, er selbst zu werden.

Dies ist der Beginn einer schwierigen Phase, weil zur gleichen Zeit die Umhüllung des Elternhauses entbehrlich zu werden anfängt. Ist das kleine Kind noch ganz in der Sphäre der Eltern eingebettet, erwacht jetzt die eigene Seele und beginnt zwischen dem Ich und dem Du zu unterscheiden. Zwei Seelen stehen einander gegenüber: die des jungen Menschen und die des Erziehers. Deshalb setzt das Sich-Wehren gegen die eigenen Eltern und gegen andere ältere Menschen jetzt intensiv ein. In dieser Situation wird der Wert einer guten, warmen Erziehung in den vorigen Phasen erst in vollem Umfang deutlich.

Der Jugendliche kann nun auf zwei Arten seinen eigenen Weg gehen. Hat er in seiner Jugend Wärme und Verständnis erhalten, hat er gelernt, was «Kontakt knüpfen» bedeutet, dann wird er *allein* in die Teenagerwelt gehen und den Kontakt zu den Erziehern erweitern durch Kontakt zu Altersgenossen, Clubleitern oder Clubleiterinnen, Eltern der Freunde oder Freundinnen. So wird er lernen, sich zu messen an den Schwierigkeiten und Aufgaben dieser Phase, mit Hilfe vieler aus dem Bekanntenkreis. Gerade die Begegnung mit Altersgenossen, neben dem Kontakt mit Älteren, macht den «geteilten Schmerz» zum «halben Schmerz» und läßt den jungen Menschen sich selber finden.

Wenn der junge Mensch in seinen ersten Lebensjahren Andacht und Wärme entbehren mußte, oder wenn er eine schwierige Veranlagung oder eine starke innere Unruhe hat, wird er diese Lebensphase *einsam* durchstehen müssen. Er nimmt dann keine echten Kontakte auf, sondern geht mehr oder weniger irrend seinen Weg. Die helfenden Hände der Altersgenossen oder Eltern fehlen ihm. Entweder weil diese nicht da sind, oder weil der junge Mensch die Verbindung nicht herstellen kann. Dies sind die Jugendlichen ohne festen Grund unter den Füßen, die im schlimmsten Fall Selbstmord begehen, weil sie – oft ohne oder mit nur mangelnder Unterstützung – sich den Anforderungen des Alltags nicht gewachsen fühlen. Ihr Wille, der in den ersten Jahren hätte entwickelt werden müssen, ist zu schwach geblieben. Einige schließen sich einer «Gruppe» oder «Bande» von Schicksalsgenossen an, wo gelegentlich ein Anführer tonangebend ist. Man kann asoziale Gruppen (durch Drogenkonsum) oder mehr antisoziale Gruppen (z. B. durch Kriminalität) unterscheiden; in jedem Fall findet kein Reifeprozeß statt. Die Seele erwacht nicht eigentlich, sondern sie bleibt schlafend. In der Praxis sind dies die Jugendlichen, die in ihren Teenagerjahren in ihrer Entwicklung völlig stagnieren. Es können an sich suchende Menschen sein; es fehlt ihnen jedoch im Grunde die Kraft und der Mut, um zu Taten zu kommen. Zu dieser Kategorie gehören auch die Jugendlichen, die sich manipulieren und durch zweifelhafte Parolen mitreißen lassen.

Es ist für den Jugendlichen eine äußerst schwierige Lebensphase, weil er diese selbst, aus eigener Kraft, durchmachen muß. Die Probleme, mit denen er hauptsächlich konfrontiert wird, sind:

- Gefühle von Lust und Unlust;
- das erwachende Urteilsvermögen;
- das Gefühl, allein gelassen zu werden;
- die Polarität von Ideal und Realität;
- die Probleme rund um die Erotik und die Sexualität.

Diese Entwicklungsprobleme werden nun der Reihe nach näher besprochen.

Gefühle von Freude und Leid

Bis zum zwölften, dreizehnten Jahr war das Kind gewohnt zu spielen, sobald es aus der Schule kam. Aber ab diesem Alter, meistens schon früher, müssen Hausaufgaben gemacht werden, gilt es, im Haushalt mitzuhelfen, oder es ist Zeit für den Musikunterricht oder einen Bastelkurs. Dies alles schränkt das Kind ein in seinem Bedürfnis, sich gehen zu lassen und zu spielen. Es ruft Unlustgefühle hervor; das Kind hat keine Lust dazu. Mehr als zuvor hat es jetzt die Eltern nötig mit ihrer liebevollen, unterstützenden, konsequenten Haltung und verständnisvollen Führung. Zwei Beispiele mögen dies verdeutlichen.

Ein 26jähriger junger Mann erzählte mir, daß er nach ein paar Jahren Oberstufe «keine Lust» mehr auf die Schule gehabt hätte. Er verließ die Schule, arbeitete hier und da, machte einige Fachdiplome, ging freiwillig zum Militär und lief anschließend fest. Nach einer Weile entdeckte er, daß er so nicht weiterkäme. Anschließend besuchte er eine Abendschule, um das Abitur nachzuholen. Er nahm es jedoch seinem Vater übel, daß dieser es zugelassen hatte, daß er frühzeitig die Schule verließ. «Er hätte unnachgiebig beiben müssen, obwohl ich starrköpfig war.»

Das zweite Beispiel ist das einer jungen Frau, die mit ihrem Ehemann wegen Eheschwierigkeiten zu mir kam. Sie hatten sich bei der Hochzeit versprochen, einander frei zu

lassen. Auf einer Party, einige Jahre später – sie waren ungefähr 25 Jahre alt –, passiert etwas zwischen ihr und einem anderen Manne, worüber sie gewaltig erschrak. Sie begann an
sich selber zu zweifeln, an ihrer Ehe und am Wert der von ihr
selbst gewählten Freiheit. Sie erlebte sich so, als ob sie durch
dieses Ereignis erwacht wäre. Bei einem der nächsten Geprä-
che, die ich mit ihr allein hatte, erinnerte sie sich an folgendes: «Eines Abends, ich war zwölf Jahre alt, fand ich das Leben so schön, daß ich mir vornahm, nicht weiter wachsen zu
wollen, so bleiben zu wollen. Was danach passierte, nenne
ich ein wildes, ungesundes, ungebundenes Leben, wodurch
das Wesentliche jener Zeit an mir vorüberging. Jetzt erkenne
ich, daß ich damals wie ein Kind schlafend blieb und erst
jetzt erwacht bin. Warum haben meine Eltern dies nicht erkannt, warum haben sie erlaubt, daß ich so ein schreckliches
Leben führte?»

Der junge Mensch muß lernen, mit seinen Unlustgefühlen
klarzukommen und zu erfahren, daß einfach nichts zu erreichen ist ohne Anstrengung, ohne Rückschläge. So wie jeder
Sportler weiß, daß allmähliche Steigerung des Leistungsver-
mögens, also dosierter Widerstand, die Muskeln stärkt und
die Geschicklichkeit mehrt, so muß auch der Heranwachsende lernen, daß ihn nur die Überwindung der Unlustgefühle weiterbringt.

Die Adoleszenz, die Phase nach der eigentlichen Pubertät,
fängt ungefähr mit dem 16. Jahr an. Viele 17jährige machen
noch eine Art zweite, kurze «Pubertät» durch, das heißt ein
Jahr voll Unsicherheit. Ab dem 18. Jahr wird das Eigene
deutlich bemerkbar: Beim Heranwachsenden kristallisiert
sich eine Richtung in seinem Leben heraus, er fängt an zu
wissen, was er will.

In dieser Hinsicht ist es äußerst wichtig, junge Menschen
im Alter von vierzehn, fünfzehn Jahren nicht zu zwingen,
sich für eine Fachrichtung zu entscheiden. Der junge
Mensch kämpft dann noch mit den Unsicherheiten, verur-

sacht einerseits durch die Entdeckungen an seinem Körper, andererseits durch seine veränderte Beziehung Altersgenossen und Älteren gegenüber. Impulse, Sehnsüchte, übermäßige Aktivität oder In-sich-Gekehrt-Sein und Verliebtheiten erschweren eine fundierte Berufswahl bzw. Studienrichtung.

Um verschiedene Möglichkeiten kritisch abwägen zu können, anstatt nur spontan Impulsen zu folgen, muß der Jugendliche einige Jahre älter sein.

Das erwachende Urteilsvermögen

Mit dem Erwachen der eigenen Seele geht das Erwachen des eigenen freien Urteils einher. Im zwölften Lebensjahr kann man bereits den ersten Schritt in diese Richtung wahrnehmen, aber das eigene Urteilsvermögen kann sich erst nach der Geschlechtsreife entfalten. Vor dieser Zeit will das Kind noch aus dem Vertrauen leben können, das es in den Erzieher setzt.

Für das Bilden der späteren Urteilskraft ist das Spiel aus den ersten zwei Lebensphasen von großer Bedeutung. Aeppli geht darauf in seinem Werk *Wesen und Ausbildung der Urteilskraft*[17] ausführlich ein. Das Beschäftigtsein im kreativen Spiel formt das eigene Urteil erst unbewußt, später bewußter. Das kleine Kind bis zum siebten Jahr ist dabei, wie ein Individualist, ganz mit sich selbst beschäftigt; das Schulkind sucht für sein Spiel eher den Kontakt mit den anderen Kindern. Dazu kommen dann die Äußerungen und vor allem das Vorbild, das die Erzieher und Lehrer geben, und so entwickelt das Kind allmählich ein eigenes Urteilsvermögen. Auch gewisse zielgerichtete Handlungen und Bewegungen können hierbei wichtig sein. Es ist das, was Rudolf Steiner zum Beispiel über das Stricken in der Grundschule für Jungen und Mädchen sagt (in folgenden sinngemäß zusammengefaßten Aussagen): Im Tätigsein der Hände und Füße formt sich dasjenige, was die Möglichkeit zum Urteilen wesentlich erhöht. Logische Übungen sind dazu gar nicht geeignet. Das Urteilsvermögen wird dann höchstens starr. Wenn man zu viele Denkübungen in diesem Alter macht, wird der Mensch nur nach einem Schema urteilen können.[18]

Was nimmt dieses jetzt erwachende Urteilsvermögen in seiner Umgebung wahr? Der Jugendliche mußte in der vorigen Phase aufgrund der Autorität seiner Erzieher gewisse Handlungen unterlassen. Jetzt entdeckt er, daß die Eltern oder der Lehrer dies aber selber tun; die Verbote gelten nicht für sie selbst. Der Jugendliche fragt sich, was er davon halten soll. Es verwirrt ihn und macht ihn zornig, vor allem, wenn die Eltern darüber keine Bemerkungen dulden. Dazu kommt, daß Kritik an Menschen, die man liebt, denen man viel zu verdanken hat oder von denen man abhängig ist, zu unbewußten Schuldgefühlen führt. Wenn diese Gefühle nicht mit dem Erzieher besprochen werden dürfen, kann das Anlaß sein für eine lebenslange, durch Schuldgefühle beherrschte Abhängigkeit von den Eltern. Es werden Menschen auf diese Weise manipulierbar durch solche, die diese Schuldgefühle instinktiv spüren. Je strenger die Erziehung ist, desto größer ist die Gefahr, daß solche Schuldgefühle nicht mehr abgebaut werden können. Diese Menschen geben die so gemachten Erfahrungen und Erlebnisse an ihre Kinder weiter. Krampfhaft besorgt darum, dies nicht zu tun, wird den Kindern ein Freiheitsspielraum zugestanden. Die Reaktion der Kinder ist dann wieder Unsicherheit mit den bekannten Auswirkungen. So entsteht ein Kreislauf von Schuldgefühlen über Generationen hinweg. Man könnte hier zahlreiche Beispiele geben.

Erwachsene können sich durch ihre Schuldgefühle genötigt sehen, sich für ihre Kinder aufzuopfern. Bereits eine klagende oder scharfe Bemerkung der letzteren genügt dann, um die Schuldgefühle wieder hervorzurufen. Meistens äußern diese Eltern kein Dankeswort, wohl aber Kritik, weil der betreffende Sohn oder die Tochter ihrer Meinung nach ohnehin alles falsch machen. Eine emotional gesunde Eltern-Kind-Beziehung ist nicht möglich. Wird jedoch der Sohn oder die Tochter in der Schule, im Beruf, im Verein usw. im entscheidenden Moment nicht berücksichtigt, so wird der Lehrer, der Vorgesetzte von den Eltern mit Haßgefühlen bedacht, welche dann wiederum ein Grund für neue Schuldgefühle sein können.

Selbstverständlich müssen Schuldgefühle nicht immer auf obengenannten Ursachen beruhen. Ein ganz allgemeiner Hintergrund ist, daß durch das Erwachen der noch unbeherrschten innerlichen Erlebnisse Schuldgefühle aufsteigen können, die bis anhin unbewußt waren. Diese können verstärkt werden, wenn die Ablösung von den Eltern, die jetzt stattfinden muß – vor allem diejenige von der Mutter –, nicht richtig gelingt, weil beide Seiten, oder eine der beiden, die feste Bindung halten wollen.

Das Gefühl, allein gelassen zu werden

Das Erwachen der eigenen Seele, das Erleben der eigenen Seele *neben* einer anderen, wird vom Jugendlichen erlebt als «Allein-gelassen-Werden». Er wird vom Gefühl der Entfremdung gegenüber seinen Eltern geplagt. Wer erinnert sich nicht mehr oder hat es nicht erlebt, daß der Sohn oder die Tochter in einer bösen Laune sagt: «Ich gehöre nicht zu euch, ich bin nicht euer Kind, ihr habt mich nicht lieb!» Der Jugendliche erlebt das Erwachen der eigenen Identität als Sich-Lösen von den Eltern. Das geschieht nun auch, aber nicht, weil die Eltern ihn loslassen, sondern weil die Seele sich jetzt allein auf den Weg macht. Dieser Prozeß kann auf verschiedene Arten aus einem inneren Bilderleben heraus in Erscheinung treten.

So träumte ein fünfzehn Jahre altes Mädchen, sie stürbe. Die Gedanken, die dieses Traumerlebnis in ihr wachrief und die durch ein Gespräch klar hervortraten, machten ihr deutlich, daß «das Kind in ihr» sterbe und sie selber weiterkommen müsse.

Ein siebzehn Jahre alter Junge sah einige Male vor sich das Bild, daß er in einem Ruderboot die Küste verließ und allein, ohne Hilfe, neues Land finden mußte. Er erlebte dies als ein «Sich-Loslösen vom Elternhaus und daß er seinen eigenen Weg gehen müsse.»

Dennoch kann dieses Sich-Loslösen – unbewußt – den Eltern übelgenommen werden. Unzufriedenheitsgefühle hierüber wecken dann wieder Schuldgefühle, auf die gleiche Art, wie weiter oben schon erläutert wurde, und leider meist mit den gleichen Folgen.

Noch viel intensiver werden diese Entfremdungsgefühle, wenn dieses Sich-Loslösen Realität wird. Die Eltern des Heranwachsenden befinden sich oft in einer Lebensphase, die von ernsten Krisen geprägt ist. Dies kann zur Folge haben, daß sich die Eltern trennen oder sich derart in ihr eigenes Leben oder ihre Problematik verstricken, daß sie die Erziehung vernachlässigen. Dann fühlt der Sohn oder die Tochter sich im Stich gelassen und kommt mit grundsätzlichen Vorwürfen, welche ihm oder ihr doch wieder Schuldgefühle verursachen. Aus Ohnmacht können dabei Haß und aggressive Gefühle den Eltern gegenüber, der ganzen Umgebung oder sich selbst gegenüber in der Seele aufkommen.

So entsteht das Bild des sich selbst suchenden jungen Menschen, der in Not ist. Das kann sich auf verschiedene Arten äußern. Zwei Beispiele mögen dies verdeutlichen.

Ein fünfzehn Jahre alter Junge klagte über Magenschmerzen. Hausarzt und Spezialist vermuteten einen psychischen Anlaß. Er war der Jüngste aus einer freundlichen, aber zugleich intellektuellen und gefühlsarmen Familie. Der Anlaß der Beschwerden wurde nicht im Gespräch deutlich, sondern durch eine Zeichnung. In der «Familienzeichnung», die er machte, zeichnete er einen langen, schmalen Tisch. An der einen kurzen Seite saßen die Eltern und die anderen Kinder, an der anderen Seite saß er allein. Es stellte sich heraus, daß er der einzige «Empfindsame» in der rational denkenden Familie war, und er fühlte sich ausgeschlossen. Unbewußt nahm er dies seinen Eltern übel. Seine Wut darüber richtete er jedoch nicht auf sie, dafür waren sie zu freundlich, sondern gegen sich selbst. Er «verzehrte» sich selbst.

Das andere Beispiel betrifft ein sechzehnjähriges Mädchen, das zu mir geschickt wurde wegen Weinkrämpfen, Kratzbürstigkeit, schwierigem Benehmen und Schlafstörungen. Sie hatte eine zwei Jahre ältere Schwester und einen ein Jahr jüngeren Bruder. Aus den Gesprächen mit den Familienmitgliedern zeigte sich, daß die Eltern und die Schwester nicht mit sich spaßen ließen, am Bruder alles abglitt, während das sechzehnjährige Mädchen die feinfühligste war. Sie nahm bewußt wahr, was die anderen kaum bemerkten: gegenseitige Spannungen, Gehässigkeiten und, wenn die Kinder abends im Bett waren, heftigen Streit zwischen den Eltern in deren Zimmer, über dem sie sich befand. Sie nahm sich diese Streitereien zu Herzen, weinte darüber, nahm es ihren Eltern übel, getraute sich aber nicht, dies auszusprechen, sondern wurde bockig in ihrem Benehmen und konnte vor Angst nicht mehr schlafen.

Die Polarität zwischen Ideal und Realität

Die erwachende Seele ist eigentlich durchdrungen von den positiven Impulsen, die aus der vorgeburtlichen Welt mitgenommen wurden. Das lebt als Ideal in der Seele, wie unbewußt auch immer, und der Jugendliche will diese idealen Impulse verwirklichen. Der Inhalt dieses Ideals, der mitgenommen wurde, wechselt natürlich mit der Generation und innerhalb der Generation wieder bei jeder Individualität. Es gibt keine Lebensphase, in welcher der Mensch so idea-

listisch sein kann wie in dieser Phase und der darauf folgenden, vor allem zwischen dem 15. und 25. Jahr. Das Ideal begegnet jedoch der Realität, und das kann eine gewaltige An-
regung sein für die eigene Entwicklung. Der junge Mensch
muß lernen, Ideal und Realität ins Gleichgewicht zu bringen,
das Erreichbare und das Unerreichbare miteinander abzu-
wägen. Wenn hierbei das Beispiel und die Unterstützung der
Umgebung fehlen, kann er entmutigt das Ideal schon im
Keime ersticken lassen. Das Ideal muß wie die Laterne sein,
die den Weg zum Machbaren erleuchtet, zu dem, was unter
den gegebenen Umständen möglich ist. Das Mögliche und
das Noch-nicht-Mögliche in ein Gleichgewicht zu bringen,
erfordert einen Reifeprozeß, der seinen Ursprung in dieser
Lebensphase hat und im weiteren Leben geübt werden muß.

Erotik und Sexualität

Kurz vor dieser Phase wird das Kind konfrontiert mit körperlichen Veränderungen: Brustentwicklung, Achsel- und
Schamhaare. Jetzt kommen jedoch von innen heraus die dahin unbekannten Kräfte, Triebe, Gefühle und Erlebnisse
herauf. Der Jugendliche macht etwas durch, was an den Sün-
denfall und die Vertreibung aus dem Paradies erinnert.
Denn so, wie die Bibel es erzählt: durch das Essen des Apfels
vom «Baum der Erkenntnis», durch diesen Beginn der Bewußtwerdung verliert der Mensch das Paradies; er fängt an,
die äußere Welt und das Physische des anderen wahrzunehmen, und er bedeckt sich aus Scham.
  Ein solcher Absonderungsprozeß ist in dieser dritten Entwicklungsphase auch wahrzunehmen. Das Mädchen, der
Spring-ins-Feld, läuft plötzlich nicht mehr nackt durchs
Haus und zieht ihren Rock sorgfältig über ihre Beine, wenn
sie gespreizt dasitzt. Der Sohn will sich auf einmal allein in
seinem Zimmer ankleiden. Beide wollen nun allein im Bade-

zimmer sein, ohne daß andere unangemeldet hereinkommen. Jungen und Mädchen verkehren künftig getrennt, Jungen bei Jungen und Mädchen bei Mädchen, und ihre gegenseitigen Annäherungen erfolgen nun auf eine andere Art. Beide sind überempfindlich in ihrem Selbstwerdungsprozeß und erwarten in ihrem tiefsten Wesen den Respekt des anderen. Dies ist der normale Prozeß, der nicht gar zu schockierend zu verlaufen braucht, wenn die Eltern und Erzieher hier mit Verständnis und Humor reagieren.

Vor den 50er Jahren und im vorigen Jahrhundert durfte man über diese Dinge nicht sprechen. Alles, was mit Erotik und Sexualität zu tun hatte, mußte verdrängt werden. Die Folgen waren schwerwiegend. Körperlich und psychische Probleme und Krankheiten wurden dadurch verursacht. Darauf folgten die 60er Jahre. In dieser Zeit wurden manche Tabus gebrochen. Eine Generation fegte die alten Probleme vom Tisch. Allmählich jedoch entstanden in den folgenden Jahren neue.

Einige Beispiele: Ein neunzehnjähriges Mädchen gab den sexuellen Wünschen ihres Freundes nach, weil es in dem Glauben lebte, sonst nicht dazuzugehören oder keinen Freund mehr bekommen zu können. «Aber, Doktor, ich will eigentlich nicht, ich möchte so gerne ganz in Weiß heiraten.»

Eine Siebzehnjährige hatte rote, heftig juckende Flecken auf der Haut. Der Hautarzt vermutete eine psychische Ursache. Sie erzählte mir, daß sie den Wünschen ihres Freundes nicht nachgebe, empfand ihn auch nicht als den «Wahren»; sie war innerlich auch nicht reif für Intimitäten. Trotzdem meinte sie, daß es sich gehöre nachzugeben. Als ihr klargemacht wurde, daß sie ruhig ihrem eigenen Gefühl folgen dürfe und sie daraufhin die Beziehung abbrach, waren die Beschwerden verschwunden.

Ein Achtzehnjähriger war jedesmal unangenehm berührt, wenn Mädchen Intimitäten von ihm erwarteten. «Ich habe Mühe, das zu respektieren», so sein Kommentar.

Aus diesen Beispielen ist zu ersehen, daß seit den 70er Jahren wieder neue Probleme entstanden sind. Die zu große Offenheit und die manchmal grobe Art, wie Erotik und Sexualität durch Zeitschriften, Filme und Fernseher präsentiert werden, rufen neue Widerstände hervor. Meine Überzeugung ist es, daß ein Junge tief in seinem Herzen in einem Mädchen etwas Bewundernswertes, etwas Reines und etwas Geheimnisvolles erleben will; während ein Mädchen in dem Jungen etwas erleben will, dem es vertrauen kann und vor dem es Respekt haben kann. In diese Erlebnisstruktur paßt das grobe, von den Medien und der Reklame angebotene Bild nicht.

Für eine gesunde Entwicklung des Liebeslebens sind die Hände und die Haut die wichtigsten Organe, und der physischen Berührung sollte ein psychisches Einander-Abtasten vorangehen. Das Liebesleben ist wie ein Spaziergang durch eine Landschaft und endet nicht mit der Besteigung eines Gipfels; die Wanderung geht weiter, und der Abstieg ist mindestens ebenso wichtig.

Viele Probleme in dieser Phase entstehen auch durch Einsamkeit. Es kommt vor, daß junge Menschen zusammenleben, jedoch nicht aus Liebe, sondern aus Einsamkeit. Dies gibt auf die Dauer keine Befriedigung; es ist nicht das, was sie suchen. So entstehen Enttäuschungen im Gebiet des sozialen Kontaktes und des Liebeslebens, und die Erwartungen sowohl beim jungen Mann als auch bei der jungen Frau werden enttäuscht. Diese Erfahrungen können die Ursache der Störungen des Liebeslebens im folgenden Lebensabschnitt sein.

Was braucht der junge Mensch in dieser Phase für seine Entwicklung?

Die Aufgabe dieser Phase ist das Wachwerden des eigenen Ichs im Innern, das sich dann dazu vorbereiten muß, etwa um das zwanzigste Jahr herum die eigene Entwicklung selber in die Hand zu nehmen. Man könnte den Jugendlichen in dieser Lebensphase mit einer von Pferden gezogenen Kutsche vergleichen, wobei der Kutscher noch schläft. Die Kutsche ist das Bild für den physischen Leib, die Pferde sind das Bild für die aufsteigenden, noch unbezwungenen Seelenkräfte und Triebe, und der Kutscher schließlich ist das Ich, welches das Ganze wie ein griechischer Wagenlenker beherrschen muß.

Was können Eltern, Erzieher, Lehrer tun, um die erwachenden Seelenkräfte in ihrer Entwicklung zu unterstützen und die Ichkräfte zu wecken? Genau wie in den vorigen Phasen lassen sich auch hier wieder gewisse Bedingungen als Hilfe für die Erziehung aufzeigen, die im folgenden kurz dargestellt werden sollen. Der junge Mensch hat mehr denn je ein *Vorbild* nötig. Nicht so sehr, um diesem ohne weiteres nachzufolgen, sondern vor allem als Orientierungshilfe, um zu sehen, wie die Eltern mit ihren Problemen umgehen. Bei der Besprechung der vorigen Phase wurde darauf schon ausgiebig hingewiesen.

Man kann jedoch auch in einer direkteren Art ein Vorbild anbieten, z. B. auf folgende Weise: Wenn die Erzieher genügend Offenheit zeigen, kann der Jugendliche während eines Spaziergangs, bei einer gemeinsamen Arbeit oder hinter der Mutter stehend, die gerade eine Mahlzeit bereitet, seine Erfahrungen und Probleme äußern und ohne viel Worte um Rat fragen. Es geht dann nicht so sehr darum, daß der Erzieher fertige Antworten gibt, sondern mehr darum, daß er oder sie sich an die Erfahrungen der eigenen Jugend erinnern. Die Eltern können über eine gleichartige Situation in ihrer Jugend sprechen und wie sie damals damit umgegangen sind. Der Sohn oder die Tochter haben dann eine Orientierung und können nun versuchen, ihr Problem auf ihre Weise zu lösen. Obschon die Jugendlichen in den Augen der Eltern vorlaut sind, müssen sie es sein, auch wenn es für die Eltern lästig ist. Der junge Mensch muß auf seine *eigene Weise*, mit seinen eigenen Talenten und Möglichkeiten die Schwierigkeiten meistern. Davon lernt er. Man darf als Eltern warnen, wenn man sieht, daß es schiefgeht, weil man die Schwächen des Jugendlichen kennt, aber Weisheit kommt durch Schaden und Schande, und das darf dem jungen Menschen nicht immer abgenommen werden. Das macht das Erziehen spannend und schwierig zugleich: Doch die Eltern lernen allmählich, sich zurückzuhalten.

Eine wichtige Bedingung ist, *Interesse zu zeigen*. Obschon junge Menschen in diesem Alter sehr lautstark sein können, ist die innerliche Haltung eine verschlossene, introvertierte, eine suchende. Man spricht ein wenig oberflächlich, das Innere, das Wesentliche kommt nicht ohne weiteres zum Ausdruck. Sie sind Meister im Tarnen desjenigen, was in ihnen vorgeht; sie erzählen das, was die Eltern gerne hören möchten. Wenn diese nur nach guten Noten oder anderen Erfolgen fragen und sonst nichts, dann fühlt der Jugendliche sich in der Kälte stehen. Denn gerade seine inneren und sozialen Erlebnisse berühren ihn zutiefst, und nach denen wird nicht gefragt. Er erlebt das so, als ob die Eltern keinerlei Interesse an ihm hätten.

Junge Menschen erwarten Anteilnahme an dem, was sie erlebt haben, Interesse für eine zu erwartende Prüfung in der Schule, für einen bestandenen Wettkampf, für ihre Lieblingsmusik oder für das, was in der Schule vorgefallen ist.

Wenn sich der Erzieher aufgeschlossen zeigt für die Erlebnisse des Jugendlichen, dann weckt dies bei ihm auch eine tiefere Aufmerksamkeit auf sich selbst und auf seine Umgebung. Diese Verstärkung seiner Interessen ist so wichtig, weil sie die Aktivität des eigenen Ichs anfeuert.

Ist das Interesse des Jugendlichen einmal geweckt, dann ist

er auch leicht zu begeistern. Je größer sein Interesse ist, um
so besser. Dadurch entsteht eine intensive Anteilnahme an
den Mitmenschen und an dem, was in der Welt geschieht.
Wenn sich daneben ein gesunder kritischer Sinn entwickeln
konnte, dann bewahrt ihn dies davor, daß er in seinem Enthusiasmus zu weit geht und fanatisch wird.

Es ist auch wesentlich, seine *eigene Aktivität* zu fördern.
Das geschieht durch Tätigkeiten – künstlerische oder andere
– in der Familie oder bei Freunden zu Hause. Manche verspüren in sich den Drang zur Kreativität, zum Basteln oder
zum Sport, aber oft brauchen sie noch einen besonderen An-
stoß von außen. Es gibt jedoch auch Dinge, mit denen der
junge Mensch nicht direkt in Berührung kommt. Da kann es
die Aufgabe des Erziehers sein, solche Gebiete zu erschließen. Man denke an einen Theater- oder Museumsbesuch,
ein Konzert, gemeinsames Musikhören zu Hause (wobei die
bevorzugte Musik beider zum Zug kommen muß!); man
kann auf Bücher, Zeitschriften oder Geschichten aufmerksam machen und Aktivitäten besuchen, an denen Jugendliche
beteiligt sind. Gemeinsam im Haus und im Garten arbeiten,
Kleider anfertigen, basteln, Gespräche führen, bei denen die
Eltern hauptsächlich zuhören und ein objektives Urteil geben dürfen, ohne es aufzudrängen, das alles kann aktivie-
rend sein. Eine Kirche besichtigen, zum Beispiel in den Ferien, oder über Religionen sprechen erweitert den eigenen
geistigen Horizont und fördert das Interesse an unterschied-
lichen Religionen und Kulturen. Es kann zugleich eine
Orientierung sein bei der Wahl des eigenen religiösen We-
ges. In den Tiefen seiner Seele ist der Jugendliche in dieser
Phase auf der Suche nach dem Daseinsgrund, nach dem Ursprung dessen, was lebt und sich um ihn herum abspielt.

Für all diese Themen kann das gemeinsame Essen, besonders am Abend, der Zeitpunkt für das Gespräch sein. Der
Erzieher muß jedoch dazu die Möglichkeit bieten. Der Ältere soll nicht der Belehrende, sondern der Zuhörende sein,
der die Fragen vorsichtig zu beantworten versucht. Auch die

häusliche Atmosphäre muß sensibel genug sein. Obwohl Fernsehsendungen genausogut ein Ausgangspunkt für ein Gespräch sein können, macht dieses Gerät oft einen Gedankenaustausch geradezu unmöglich. Erziehen ist eine Aktivität, welche einen unablässigen Einsatz fordert und auch dem Erzieher selber die Möglichkeit gibt, nicht zu erstarren, sondern sich weiterzuentwickeln.

Die letzte Hilfe, die Eltern dem jungen Menschen in dieser Phase bieten müssen, ist, *Vertrauen zu schenken und sich im rechten Moment zurückzuziehen.* Eltern müssen sich darüber klar werden, daß junge Menschen in dieser Phase nach und nach gewisse Fähigkeiten, Talente und Impulse entwickeln und bestimmte Dinge gut allein erledigen können. Mag es dann auch schwierig und frustrierend sein – der Erzieher wird erkennen müssen, daß der Jugendliche um das 18. Jahr herum immer selbständiger wird und er selbst sich nach und nach zurückziehen muß. Dürfen die Eltern nun nichts mehr tun? Dürfen sie sich nirgends mehr einmischen? Das wäre nun auch wieder nicht sinnvoll, denn das könnte der Jugendliche so auffassen, als ob man ihn fallenlassen würde. Der Erzieher muß sein Interesse bewahren und seine Erfahrungen äußern, um notfalls, wenn das Bedürfnis besteht, den Kurs korrigieren zu können. Der Erwachsene muß sich nach und nach vom Vorgänger und Vorbild zum begleitenden Zuschauer wandeln. Er wird die Stütze aus der Ferne, «vom Ufer».

Zu all den genannten normalen persönlichen Problemen, die dieser Lebensepoche angehören, kommen auch noch die allgemeinen Probleme der heutigen Zeit, da die Menschheit vor dem Durchbruch zu Selbstbewußtsein und individueller Verantwortung steht. In dieser kritischen Situation fühlen sich viele junge Menschen enttäuscht, einsam, uferlos und machtlos. Sie erleben die Technisierung der Welt und wie diese ihr Leben zu bestimmen droht. Technologen haben ein Modell der Zukunft gemacht, und der Mensch muß da hineinpassen. Die erwachsenen Jugendlichen widersetzen sich dieser Manipulation, dem Bild des «maßgeschneiderten Menschen». Einige versuchen, mit ihrem eigenen Ideal und ihren eigenen Meinungen vor Augen trotzdem weiterzugehen, andere wenden sich frustriert ab, fliehen in den Alkohol oder in die Drogen, oder sie lassen sich durch unwahrhafte Parolen verleiten. Die Erziehung und die Begleitung in den ersten zwanzig Jahren bestimmen in hohem Maße, welchen Weg der junge Mensch einschlagen wird.

Märchen zu dieser Phase

In der Einleitung wurde schon allgemein über den Wert der Märchen gesprochen. Welche Märchen haben jetzt einen besonderen Wert für die Entwicklungsphasen des Kindes und des jungen Menschen bis zum 21. Lebensjahr?

Für das kleine Kind, etwa ab dem vierten Jahr, eignen sich Geschichten von Zwergen und Elfen. Diese Bilder schließen an die beseelte Welt an, so wie das Kindergartenkind sie erlebt.

Wenn das Kind fünf oder sechs Jahre alt geworden ist, kann man andere Märchen erzählen, vor allem *Dornröschen*, *Schneewittchen* und *Rotkäppchen*. Die Reihenfolge dieser drei ist nicht willkürlich; sie sind entwicklungsmäßig aufeinander aufgebaut. Diese drei Märchen bringen den Prozeß, den die Menschheit als Ganzes durchgemacht hat, in ein Bild, den aber jedes Individuum jedesmal wieder selbst durchmachen muß. Es ist der Weg der Seele, die sich aus ihrer Einheit mit der geistigen Welt löst, sich im Laufe der Entwicklung nach und nach mit dem physischen Leib verbindet, um schließlich Erfahrungen zu machen, die nur auf der Erde möglich sind.

Dornröschen ist das Bild der Seele, die noch ganz mit der geistigen Welt verbunden ist, dann aber den Schritt wagt zu dem erwachenden Bewußtsein. Dornröschen greift zur Spindel: Die Seele fängt an, selbst zu denken; sie verläßt damit die geistige Welt, mit anderen Worten: Sie schläft ein, um später in der sinnlichen Welt zu erwachen. Friedel Lenz schreibt: «Ohne persönliche Schuld wird der Mensch im Menschheitsschicksal ein Verfluchter, jedoch auch ohne persönliches Verdienst beginnt die Erlösung, aus Gnade.»[19] Das Märchen erzählt ja nicht, wo der Prinz herkommt, es sagt nur, er komme im Zeichen der Rose, die ein christliches Bild ist.

Schneewittchen ist das Bild der Seelenverfassung, in der die Seele schon weiter zur Erde herniedergekommen ist. Die Seele ist auf das Niveau der Elementarwesen gelangt (die Zwerge), welche die Seele begleiten. Das Böse (die Stiefmutter) muß besiegt werden. Der Menschengeist (der Prinz) will sich mit der Seele verbinden, aber dazu muß diese erst einen Schock erleiden (weil die Diener des Prinzen stolpern, erwacht Schneewittchen); erst jetzt kann die Seele erwachen und aus ihrem gläsernen Sarg steigen. Braucht nicht auch jetzt im zwanzigsten Jahrhundert die Menschenseele – obwohl sehr schmerzlich – jedesmal einen Schock, um zu erwachen und Erkenntnis über sich selbst zu erhalten?

Rotkäppchen ist schon viel irdischer als Schneewittchen. Es handelt von einer Geschichte auf der Erde. Es ist das Bild der Seele, die schon in der Sinneswelt angekommen ist. Im Kampf mit dem Bösen ist es nicht der Königssohn, sondern der Jäger, der sicher mit seiner Schere das Rotkäppchen aus der Finsternis rettet. Friedel Lenz schreibt dazu: «Rotkäppchen ist ganz in die Sinneswelt hinuntergetaucht, kommt vom Weg ab und gibt durch ihr Benehmen dem Wolf (die finstere Macht, die das innere Leben vernichten will) die Möglichkeit, die alte Weisheit (die Großmutter) und das

Rotkäppchen zu überwältigen. Der Jäger, als Bild der geschärften Urteilskraft durch das lebendige Denken, befreit die Seele aus der Finsternis.»[19]

Rudolf Steiner rät, diese drei Märchen – Dornröschen, Schneewittchen und Rotkäppchen – in einem zusammenhängenden Zeitraum zu erzählen. Es sind Bilder der Entwicklung von der «Empfindungsseele», der «Verstandes-» oder «Gemütsseele» und der «Bewußtseinsseele». Im nächsten Kapitel soll auf diese Seelenaspekte, welche sich nacheinander in den Lebensphasen vom 21. bis 28. Jahr, vom 28. bis 35. Jahr und vom 35. bis 42. Jahr entwickeln, eingegangen werden. Natürlich stellt sich jetzt die Frage, wieso diese Märchen dann doch für Kinder von solcher Bedeutung sind. Es gilt im allgemeinen, daß man Kindern Märchen für alle Lebensphasen erzählen kann. Nicht daß sie diese dann schon verstehen, sondern die betreffenden Bilder werden unbewußt durch die Seele erkannt und aufgenommen. Auf diese Art wird für die Seele eine Grundlage geschaffen für die Entwicklung in den späteren Lebensphasen, wenn diese Bilder tatsächlich eine bewußte oder unbewußte Stütze sein können.

Ein anderes Märchen, das man dem jungen Kinde erzählen kann, ist das Märchen *Der Wolf und die sieben Geißlein*. Das kleine Kind ist neugierig auf alles, was es um sich herum in der Welt sieht, es hat eine Ur-Neugierde. In dieser Hinsicht gleicht es der Geiß (das Symbol für die Neugierde) und ihren Jungen. Die Neugierde ist die Ursache für die Begegnung mit dem Bösen, welches Unschuld und Vertrauen verführt. Die Rettung kommt vom jüngsten Geißlein in der Uhr. Friedel Lenz schreibt: «Nur das, was sich im klopfenden Herzen verbirgt, wird nicht ergriffen. Im Herzen hat ja der Mensch bei allen Versuchungen einen Instinkt für das Gute, und dieser unschuldig wissende Instinkt hilft ihm, dem Bösen auf die Spur zu kommen.»

Auch *Hänsel und Gretel* ist ein Märchen für die erste Zeit.

Wegen der tiefen Bedeutung, die dieses Märchen hat, ist es auch für Jugendliche und Erwachsene wertvoll, sich darin zu vertiefen. Hänsel und Gretel – als Bilder für den Geist, der noch am Anfang seiner Entwicklung steht, und der sich erneuernden Seele – finden zweimal den Weg zurück, indem sie Steine streuen. Steine, leblose Materie, sind Bild für das Alte, Verhärtete, wodurch man nur den Weg findet, der zum Erstarrten (der Holzfäller) führt, und wo man nicht vorwärtskommt. Wenn sie beim dritten Mal, wo sie in die Welt ziehen, Brot benützen (lebendiger Stoff aus dem Pflanzenreich als Bild der Wachstumskräfte), finden sie den Rückweg nicht mehr und müssen weiter vorwärts. Wachstum kann nur dann stattfinden, wenn Widerstände überwunden werden; in diesem Märchen ist der Widerstand im Bilde der Hexe dargestellt. Der Schein ist freundlich, bis beide im Haus eingeschlossen sind: der Willensaspekt des Ichs (Hänsel) ist blockiert, die Seele (Gretel) ist gebunden und muß dem Bösen dienen. Die sich entwickelnde Seele rettet den blockierten Willen, wonach das Böse im Feuer geläutert wird. Die Erlösung kommt und kann nun als ein Schatz aus Edelsteinen mitgenommen werden.

Wer regelmäßig Märchen vorliest oder erzählt, dem wird aufgefallen sein, daß Kinder oftmals ein bestimmtes Märchen mehrmals hören wollen. Das ist manchmal eine große Aufgabe. Dazu kennen sie den Inhalt völlig, so daß ein Flüchtigkeitsfehler beim Erzählen direkt mit großem Ernst korrigiert wird. Diese Phänomene sind ein Ausdruck der Realität und der unbewußten Schulung, die die Kinderseele durch solch ein Märchen erfährt.

Natürlich können in den folgenden Jahren noch viele andere Märchen erzählt werden. Hier seien noch einige erwähnt, die gleichsam für den Jugendlichen und den Erwachsenen geeignet sind. Es ist überflüssig zu vermerken, daß nicht jedes Märchen für jeden gleich gut brauchbar ist. In der psychotherapeutischen Praxis mit Jugendlichen und Erwachsenen prüfe ich jedesmal sorgfältig, welches Märchen zu einem gewissen Menschen und einer gewissen Problematik paßt. Man kann unter anderen auswählen: *Goldtöchterchen* (Volkmann-Leander), *Der arme Müllersbursch und das Kätzchen* (Grimm), *Der Goldspucker und der Türkisspucker* (Hoffmann) oder einen Teil aus *Sindbad der Seefahrer* (aus Tausendundeine Nacht). Der Inhalt und die Bildersprache dieser Märchen werden im folgenden kurz besprochen.

Natürlich gilt, was schon vorher gesagt wurde, daß mit einer Erklärung eines Märchens andere Erklärungen nicht ausgeschlossen werden; Märchen werden ja immer neu in der Seele geboren. Hier folgt das *Märchen vom Goldtöchterchen* in Kurzform.

Goldtöchterchen wohnt in einem Haus beim Stadttor, gleich neben der Weide. Die Kleine steigt aus dem Bett und stellt sich, nur mit dem Hemdchen bekleidet, in die Türöffnung. Dann geht sie über die Weide bis an den Wald. Die Haselsträucher rufen ihr zu: «Nacktfrosch im Hemde, was willst du in der Fremde?» Sie hört jedoch nicht darauf, geht weiter und kommt an einen Weiher.

Eine Ente bringt Goldtöchterchen auf einem Seerosenblatt zum anderen Ufer. Dort kommt es auf eine große Wiese und begegnet einem Storch. Dieser taucht seinen Schnabel tief in einen Bach und holt erst einen goldenen Becher mit Milch und dann ein Weißbrötchen hervor. Als nächstes hebt er einen Flügel auf, unter dem eine Zuckertüte hervorkommt. Goldtöchterchen setzt sich, ißt und trinkt. Dann spielt es den Rest des Tages mit einem Schmetterling auf der Wiese, bis alle Blumen müde werden, so auch Goldtöchterchen, und schließlich alle einschlafen. Einer der zwölf Engel, die jeden Abend nachschauen, ob nicht ein kleines Kind sich verirrt hat, bringt Goldtöchterchen wieder nach Hause.

Dieses Märchen enthält Bilder der physischen Geburt (die

Nacktheit im Hemdchen), der Geburt des Lebens- oder Ätherleibes um das 7. Jahr (den Weiher überqueren), der Geburt des Astralleibes um das 14. Jahr (der Storch mit dem Essen und Trinken) und der Geburt des Ich, des Sich-selber-Findens um das 21. Jahr (nach Hause kommen). (Zu einer Erklärung der Begriffe «Ätherleib» und «Astralleib» wird der Leser verwiesen auf das Kapitel über das viergliedrige Menschenbild im 4. Teil dieses Buches.)

Im Märchen *Der arme Müllersbursch und das Kätzchen* sehen wir, wie dieser, um das schönste Pferd zu erhalten, sieben Jahre für das weiße Kätzchen arbeitet, bis es von der Verzauberung befreit ist und er mit ihm als Prinzessin in der selbst errichteten Hütte wohnen kann, welche in der Zwischenzeit ein Schloß geworden ist.

In diesem Märchen finden wir das Bestreben des Menschen (der Müllersbursch) zum Ausdruck gebracht, Erderfahrungen, Freude und Schmerzen in höhere Erkenntnis zu verwandeln (Korn zu Mehl), wodurch die Seele (das weiße Kätzchen) entzaubert werden kann. Es ist der Weg des Menschenkindes durch das zweite Jahrsiebt, um dann im 14. Jahr der Seele zu begegnen und dann mit ihr, also mit sich selbst, weiterzugehen.

In diesem Sinne ist auch das tibetanische Märchen *Der Goldspucker und der Türkisspucker* (Hoffmann) sehr anschaulich. Es ist sowohl für das kleine Kind, natürlich ohne Erklärungen, als auch für Jugendliche, mit erklärenden Andeutungen, zu gebrauchen. Es wird unten in Kürze wiedergegeben, insoweit dies für die Deutung der Bilder wünschenswert ist. (Die kursiv gedruckten Bemerkungen in Klammern stellen eine mögliche Deutung dar.)

In einem großen Land ist das Wasser ausgegangen. Im Hinterland *(dasselbe Bild wie das «Grenzland»: auf der Grenze zur geistigen Welt)* gibt es eine Höhle, in der ein Goldfrosch und ein Türkisfrosch wohnen. Sie tyrannisieren das Land, denn wenn sie nicht jedes Jahr einen Menschen zu fressen bekommen, geben sie dem Land kein Wasser. Alle Bauernfamilien haben schon ein Opfer gebracht, nun will der König selbst gehen. Der Königssohn akzeptiert jedoch dieses Opfer nicht und geht an Stelle seines Vaters. Sein bester Freund, der Sohn des Ministers, geht mit ihm, sich zu opfern. *Hier also nicht der König und der Großwesir, so wie in vielen morgenländischen Märchen, sondern der Prinz und der Wesirssohn: das Wollen und das Denken noch in Entwicklung.)* Sie gehen durch ein Tal *(man denke an Parzival = per-ce-val)* und finden beim See einen goldenen Weidenbaum. Als sie sich gesetzt haben, schläft der Prinz ein, der Freund aber bleibt wach. Da hört er die zwei Frösche sagen: «Wenn die beiden Menschen einen Zweig von dem Baum abbrächen und uns damit schlügen, müßten wir sterben. Und wer dann den Goldfrosch ißt, würde Gold spucken, und wer den Türkisfrosch ißt, würde Türkis spucken.» Am nächsten Morgen, als die beiden Frösche kommen, um ihr Opfer zu holen, stehen die beiden Knaben bereit, töten die Frösche und essen sie.

Nach drei Tagen ziehen sie weiter in ein anderes Land *(die Geburt auf Erden)*. Auf einer Weide spielen zwei Mädchen, Gotteskinder, die sich um einen Hut streiten. Durch eine List des Wesirssohnes gelingt es den Freunden, diesen Hut, der einen Menschen unsichtbar machen kann, zu bekommen. *(Der Hut ist das Bild für das Abgeschnitten-Werden von der geistigen Welt und das Erwachen in der Sinneswelt um das 7. Jahr.)* Nach einer langen Fahrt treffen sie auf zwei streitende Knaben, Gotteskinder, die um einen rechten Schuh streiten. Durch die List des Wesirssohnes bemächtigen sie sich dieses Schuhs, mit dem man sich überall hinwünschen kann. *(Der rechte Schuh ist das Bild für das, was vom 14. Jahr ab geschieht, die Suche nach der eigenen Aufgabe auf Erden, die Suche nach dem eigenen Verhältnis dem Leben gegenüber.)* Die beiden Knaben wünschen sich in ein Land, wo kein König herrscht, und dieser Wunsch geht im selben Augenblick in

Erfüllung. *(Die menschliche Seele will ihren eigenen Weg gehen.)*

Am Eingang dieses Landes stehen eine Mutter und ihre Tochter und verkaufen Bier. Der Prinz und der Wesirssohn trinken so viel, bis sie betrunken sind, sich erbrechen müssen und das Bewußtsein verlieren. Die Mutter und die Tochter sammeln erst das ausgespuckte Gold und die Türkise ein und sperren dann die beiden Knaben in die Toilette. *(Die Mutter und die Tochter sind hier Bild für die noch nicht geläuterte Seele voller Begierde, die Seele, die noch nicht durch das Ich geführt wird.)*

Am nächsten Morgen, nach dem Erwachen, gehen beide zum Schloß und begegnen dort der Prinzessin, die sich nach einigem Zögern bereit erklärt, die beiden zu heiraten. Die Prinzessin ist jedoch nicht ganz frei, sie ist noch mit einem Gotteskind verbunden, das jeden Morgen aus dem Himmel herniederkommt und weshalb sie sich jeden Morgen in ein schönes Turmzimmerchen *(die geistige Welt)* zurückzuziehen pflegte. Nach der Hochzeit erzählt ihr dieses Gotteskind, daß es nicht mehr kommen werde, da sie es nicht mehr brauche. Die Prinzessin antwortet: «Wenn du nicht mehr kommst, werde ich sterben.» Der Wesirssohn unter dem Hut, also unsichtbar, hört dies alles mit an und schmiedet einen Plan, um die Verbindung mit dem Gotteskind zu lösen. Die Geschichte des Gotteskindes und des Planes des Wesirssohnes spielt sich unter einem Baum ab *(das Bild des Lebens)*. Mit Schwert und Feuer bewaffnet, besiegen der Prinz und der Wesirssohn das Gotteskind, so daß es der Prinzessin verspricht, von jetzt ab nur monatlich zu erscheinen. Dann kommt die Prinzessin aus ihrem Kämmerchen herab und schenkt dem Prinzen *(dem Wollen)* und dem Wesirssohn *(dem Denken)* ihre Liebe. *(Das Gotteskind ist der Teil der Seele, der noch im Himmel ist und sich noch nicht mit dem Wollen verbunden hat. Der Baum, das Bild des Wachstums und der Lebenskraft, ist der Ort, wo diese Verbindung in der Seele zustande kommt.)*

Das Märchen schließt mit einer weiteren List des Wesirssohnes, wodurch die zuvor genannte Mutter und ihre Tochter in Esel verwandelt werden und Holz tragen müssen *(der noch nicht geläuterte Teil der Seele wird jetzt auch angenommen)*.

Ein Bild, bei dem das Denken und Wollen zusammenkommen ohne das geläuterte Fühlen, findet man auch in der arabischen Geschichte von *Sindbad dem Seefahrer*. Während seiner Reise kommt Sindbad als Schiffbrüchiger auf eine Insel. Dort hilft er einem alten Mann, der nicht mehr gehen kann. Nachdem er diesen jedoch auf seine Schultern genommen hat *(der Wille über dem Denken)*, stellt sich heraus, daß dieser ein schlechter Kerl ist, den er nicht mehr los wird und durch den er sich führen lassen muß unter großen Schmerzen. *(Hier beherrscht das ungeläuterte Wollen – der alte Mann – ganz und gar das Denken, dargestellt durch Sindbad.)*

Manchmal kann das zu wählende Märchenmotiv direkt auf die Erfahrungen der Person abgestimmt werden, was der folgende Fall zeigen wird. Ein Zwanzigjähriger hatte eine sehr eingreifende und unangenehme Erfahrung gemacht während dem Erleben einer Euthanasiehandlung. Dabei trat ein starkes Todesbewußtsein auf, und er fragte sich, was passiert wäre, wenn er selber Selbstmord begangen hätte, so wie er es eine gewisse Zeit vorher beabsichtigt hatte. Eine Woche später hatte der junge Mann einen Traum. Er ging draußen spazieren, der Weg führte durch ein Tal. Weit weg, hoch oben auf einem Berg stand ein Haus; die Erkenntnis, in der Zukunft dorthin zu kommen, wuchs.

Natürlich kann man ein solches Bild, das öfter durch Jugendliche beschrieben wird, für sich sprechen lassen. Man kann jedoch in manchen Fällen eine Antwort darauf geben, indem man die Geschichte von Parzival erzählt oder lesen läßt.

ZWEITER TEIL

Die zweite Lebensphase
Vom 21. bis zum 42. Jahr

Die mittlere Phase des Lebens

Wenn der Jugendliche die Problematik der Epoche zwischen dem 14. und 21 Jahr mehr oder weniger hinter sich hat, das heißt, wenn die erwachte Seele die Verbindung mit dem geistigen Teil des Menschen, dem Ich, gefunden hat und der Mensch er selbst geworden ist, dann kann er jetzt eine selbständige Seelenentwicklung beginnen. Das bedeutet, daß das eigene Ich dabei die Führung übernimmt.

Das Herabsteigen der Seele in die physische Welt während der ersten drei Lebensphasen war ein Geschenk der geistigen Welt, ein Teil der Gnade, die der Menschheit gewährt wurde. Wenn jedoch die Seele in der physischen Welt angekommen und der Mensch Erdenbürger geworden ist, muß die Seele den «Rückweg» zu geistigen Welt, im Sinne ihrer eigenen geistigen Bestimmung, selbst in vollem Bewußtsein finden. Es ergibt sich wieder eine Entwicklung in drei Phasen, wobei jede Phase eigene Aufgaben und Möglichkeiten hat, aber auch Rückschläge kennt, die zu einer Krise führen können. Neben den allgemeinen Rückschlägen und Problemen, die zu jeder Phase gehören und als solche für jeden gelten, gibt es persönliche Probleme als Ausdruck des eigenen Schicksals. Auch diese fordern den nötigen Einsatz, um sie akzeptieren und lösen zu können.

Vom 21. bis zum 28. Jahr

Etwa um das 20. Jahr herum ist die körperliche Entwicklung abgeschlossen. Der Rumpf und die Gliedmaßen haben mehr oder weniger ihre definitive Länge erreicht. Auch die Entwicklung des Gesichtes nähert sich ihrem Ende, obschon sich die Form der Nase und vor allem der Lippen im Laufe der Jahre noch verändern können.

Dies ist das Alter, in dem die Geburt des Ich stattfindet; der Mensch ist mündig geworden. Er darf und muß nun sprechen und sich hören lassen. Vor dieser Epoche wirkt das Ich vor allem im Körper, wo es hilft, die Gestalt und den aufrechten Gang zu entwickeln, um auf diese Art das Individuelle der Person zum Ausdruck zu bringen. Vom 21. Jahr an richtet sich das Ich auf die Seele, um diese weiterzuentwikkeln. Man könnte sagen, daß das Ich sich etwas vom Körper löst und sich mehr mit der Seele verbindet. Aus diesem Grund können wir von der Geburt des Ich sprechen. Es beginnt jetzt, an der eigenen (Seelen-)Identität zu arbeiten und damit zugleich am Umgang des Menschen mit sich selbst und mit den anderen.

Deshalb tritt der Mensch von dieser Phase an mit eigener Verantwortung in die Welt. Die Erziehung ist abgeschlossen, die Selbsterziehung, die Seelenentwicklung beginnt. Er muß sich mit der Außenwelt messen. Am Anfang geschieht das noch instinktiv und emotional, aber es kann nach und nach umgestaltet werden zu Handlungen aus Willensimpulsen.

Der Mensch kommt um das 21. Jahr herum in eine Situation, die man vergleichen kann mit dem, was man im Mittelalter die Gesellenzeit nannte. Nachdem der Lehrling einige Jahre bei einem Meister in einem bestimmten Handwerk gearbeitet hatte, mußte er seine Gesellenprüfung machen. Danach begann seine Gesellenzeit, er zog in die Welt, um das Gelernte in der Praxis zu erproben und so Erfahrungen zu sammeln.

Das ist auch die Aufgabe des jungen Menschen in dieser Lebensphase: Erfahrungen machen. Er lebt auf der einen Seite zwischen den Wahrnehmungen der Außenwelt und auf der anderen Seite in dem inneren Erleben; daraus entstehen die Erfahrungen. Er muß also die Welt aufnehmen durch Erlebnisse, die, wenn sie sinnvoll sind, die Seele nähren und in Erfahrungen umgewandelt werden können. Das Motiv für diese Lebensphase könnte auch lauten: *Wie erlebe ich die mich umgebende Welt, und wie erlebe ich mich selbst?*

In dieser Phase entwickelt der Mensch den Teil der Seele, den man in der Anthroposophie die Empfindungsseele nennt. Er ist dann zugleich stark auf den Willen ausgerichtet, wenn er zumindest durch die Erzieher in den vorigen Phasen genügend motiviert und stimuliert wurde.

Um Erfahrungen zu sammeln, muß der junge Mensch eine Arbeitsumgebung suchen und nach einigen Jahren den Arbeitsplatz wechseln. Es ist die Phase des Zupackens, auch wenn die Arbeit nicht immer der entsprechenden Ausbildung entspricht. Als «Geselle» muß er bei Freunden und Freundinnen Gesellschaft suchen, den engeren Kontakt mit ihnen pflegen. Nach einiger Zeit werden möglicherweise andere Beziehungen wichtiger und verdrängen die vorhergehenden. Diesem Alter entspricht auch eine große Reiselust, im eigenen Land oder im Ausland anderen Menschen und Lebensgewohnheiten zu begegnen. Ebenso reizt das

Abenteuer des Unbekannten. Das ist nicht vom Geld abhängig, sondern vom Mut.

Dies sind einige Möglichkeiten dieser Periode zwischen dem 21. und 28. Jahr – vorausgesetzt, daß der junge Mensch aktiv gestaltet, was zu dieser Phase gehört – mit allen Enttäuschungen und Rückschlägen, die unvermeidbar sind. Die nach Abenteuer suchende Seele findet auf diese Art reichlich «Nahrung».

Was kann nun die erwachende Seele an einem gesunden Erleben hindern? Arbeitslosigkeit ist ein enormes, entwicklungshemmendes Hindernis. Dennoch gibt es viele junge Menschen, die ein solches Mißgeschick überwinden. Einige von ihnen werden über das Arbeitsamt eine Arbeitsstelle erhalten; auch wenn sie nicht den Wunschvorstellungen entspricht, so kann gerade das abenteuerlich sein. Andere halten sich noch abseits vom gewöhnlichen Arbeitsmarkt und benutzen die Sozialhilfe, um in anderen Bereichen aktiv zu werden. Auch diese Menschen machen sich nützlich, z. B. in nichtprofitorientierten Läden oder Einrichtungen, so daß sie dennoch dem Abenteuer des Unbekannten begegnen und beseelte Erlebnisse und Erfahrungen haben.

Es gibt jedoch noch eine dritte Gruppe – meistens die Jugendlichen, die von den Eltern nicht oder kaum angeregt wurden oder bei denen kein Interesse für das «Schöne, Gute und Wahre» geweckt wurde –, die sich nicht wirklich auf die Suche macht und nicht anpacken gelernt hat. Für diese Jugendlichen kann die Sozialhilfe seelentötend sein, weil diese ihnen die Möglichkeit nimmt, sich mit den Schwierigkeiten und Mißgeschicken zu messen. Sie entwickeln sich daher kaum. Ihre Seele findet aus Mangel an gesunden Erlebnissen keine Nahrung. Die notwendige Begegnung zwischen dem, was die sinnlichen Eindrücke bieten, und dem, was an usprünglichem Interesse für die Welt in der Seele lebt, wird selten.

Dadurch machen diese Jugendlichen keine echten Erfahrungen. Es breitet sich in ihrer Seele eine Leere aus, die jedermann als Langeweile kennt. Diese ist bei einer sehr großen Anzahl von Jugendlichen vorhanden. In diesem Alter möchte die Seele doch etwas erleben! Wenn dann keine echten Erlebnisse zu finden sind oder sie nicht erkannt werden, dann wird die Sensation gesucht. Das Fernsehen und die Filme stellen sich darauf ein, geben jedoch nur Vorstellungen, keine Wirklichkeiten. Das Genre, das konsumiert wird, bietet nur Gewalt oder andere Reize, die nicht wirklich zu befriedigen vermögen. Wie gehen die Jugendlichen damit um?

Untersuchungen aus verschiedenen Ländern über die letzten zehn Jahre zeigten überzeugend, daß Gewalt im Fernsehen, auch in den Zeichentrickfilmen für das Kindergartenkind, das Verhalten von Jugendlichen in ungünstiger Weise beeinflußt. Es löst Hemmungen, so daß Triebe ungenügend gezügelt werden. Mord, Selbstmord und Vergewaltigung sind oft die Folge dessen, was im Fernsehen oder in Filmen geboten wird.[20]

Zu all dem kommt noch die Langeweile. «Sich zu Tode langweilen» ist in dieser Zeit eine Krankheit der Jugendlichen, die weder in der Schule noch zu Hause lernten, kreativ zu sein oder sich für irgend etwas zu interessieren. Sie wurden durch die Erziehung zu wenig zur Eigenaktivität angeregt, oder sie haben zu wenig Interesse und Aufmerksamkeit von den Eltern erfahren. Aber weil die Seele trotzdem etwas erleben will und für ihre Bedürfnisse Befriedigung sucht, entsteht die Neigung zur Sensation, ausufernd in Aggression und Vandalismus, gepaart mit der Flucht in Alkohol und Drogen. Die Sensation ist jedoch nur ein oberflächliches Erlebnis. Sie ist wie eine Seifenblase, die, nur kurz anwesend, zerplatzt, und die Leere ist wieder da. Die Sensation bringt keine seelennährende Erfahrung; die Seele bleibt leer und macht sich auf die Suche nach noch drastischeren Sensationen, bis die Leere zur Verzweiflungstat führt.

In Gesprächen mit Jugendlichen, die Häuser besetzten –

übrigens in der Regel eine friedliche Tätigkeit –, stellte sich heraus, daß ein Teil von ihnen nur aus Sensationslust mittaten, eine Bleibe hatten sie schon, oftmals eine sehr komfortable. Das gleiche Motiv hörte man auch bei solchen, die etwas zerstört hatten: «Man macht es zum Spaß, es gibt einem einen Kick.» In Situationen der Hilflosigkeit, etwa im Zustand der Betrunkenheit oder nach einem Unfall auf der Notfallstation, wenn es zu einem Gespräch kam, traf man schon nach kurzem Weiterreden auf Einsamkeit, Verzweiflung und Trauer, aber auch auf Unfähigkeit, Schwäche, Unwillen, die ausgestreckte helfende Hand zu ergreifen und etwas Gutes mit dem Leben anzufangen. Es war in den Gesprächen immer wieder zu bemerken, wie diese jungen Menschen in ihrer Erziehung innerlich vernachlässigt waren. Äußerlich waren sie mit allen denkbaren Gegenständen versorgt, jedoch entbehrten sie Aufmerksamkeit und Zuwendung. Kurz, durch dieses Verwöhntwerden, das im Grunde ein Vernachlässigen ist, konnten diese jungen Menschen nicht zu einer Ich-Formung gelangen: mit anderen Worten: Das Ich konnte in der Teenagerzeit nur ungenügend als Lenker zur Seele durchdringen.

So kann die erste Krise in der Seelenentwicklung entstehen: als Leere und Langeweile in der Seele.

Wenn sich der junge Mensch aber durch normale Aktivitäten früher oder später doch mit Freude, Trauer oder Mißgeschick verbindet, wird er nach und nach das Triebmäßige, das sich in der «Gesellenzeit» ausleben muß, in den Griff bekommen und durch seine Ich-Kraft in Willenstaten umsetzen. Er oder sie entschließt sich, mit einem bestimmten Partner weiterzugehen – oder auch allein. Nachdem die Arbeit ab und zu gewechselt wurde, fällt die Entscheidung für eine bestimmte Richtung oder eine bestimmte Tätigkeit. Es kann dabei geschehen, daß das Schicksal ihn oder sie an einen anderen Ort führt, als gewünscht oder vorgesehen war. Dann kommt es darauf an, ob der Mensch den Mut und die Beweglichkeit hat, diese Herausforderung anzunehmen und auf «die Anweisungen seines persönlichen Schicksals» zu hören. (Dieser letzte Gesichtspunkt wird im Kapitel «Das persönliche Schicksal» weiter ausgeführt).

Vom 28. bis zum 35. Jahr

Wie geht es nun weiter? Wenn sich ein Mensch den 30er Jahren nähert, finden in seiner Seele ziemlich eingreifende Veränderungen statt. Die Haltung gegenüber der Außenwelt ändert sich. Was passiert dann? In der Pubertät und in der Adoleszenz ist der junge Mensch stark in sich selbst gekehrt, zwischen dem 21. und 28. Jahr blickt seine Seele nach außen; aber um das 28. Jahr herum kehrt sich der Mensch, ob er das nun will oder nicht, wieder mehr nach innen. Dies bedeutet einen tiefen, eingreifenden Umschwung, dem eine schwere Krise oder Depression als Äußerung des mühsamen Geburtsprozesses der Gemütsseele um das 28. Jahr herum vorangehen kann.

Jetzt aber kommt der Mensch, der bis dahin vor allem seine Kraft erprobt hat, in ein ruhigeres Fahrwasser. Seine Erlebnisse müssen in den kommenden Jahren allmählich außerhalb der Sphäre der Begierden, der Triebe und der Leidenschaften stattfinden. Die «Gesellenzeit», die in gewisser Hinsicht auch die Phase des Nestbaus zu nennen ist, wandelt sich nun in eine Periode innerer Versenkung und Harmonisierung. Erlebnisse und Eindrücke müssen verarbeitet und so in innere Erfahrungen verwandelt werden. In der Seele entstehen die Gemütskräfte. In dieser Phase entwickelt der Mensch den Teil der Seele, der Verstandes- oder Gemütsseele genannt wird. Ein Motiv dieser Phase kann mit der

Frage umschrieben werden: *Welche Ordnung ist in der Welt, und wie ordne ich mein eigenes Leben?*

Wie kann der Mensch jetzt Ordnung schaffen? Er kann dies auf verschiedene Arten tun. In der Ehe kann die Aufmerksamkeit der Eheleute aufeinander und auf die Kinder gerichtet sein. Die täglichen Tätigkeiten innerhalb und außerhalb des Hauses fordern von sich aus Ordnung. Und Kinder brauchen ein regelmäßiges Leben für eine gesunde Entwicklung. Ordnung und Rhythmus strahlen Ruhe aus. Darin kann auch die Kraftquelle liegen für den Elternteil, der außer Hause arbeitet, den Hauptverdiener.

Das Bedürfnis zu ordnen kann sich auf mannigfaltige Weise äußern. Eine 28jährige Frau, die viel gereist war und unterschiedliche Tätigkeiten ausgeübt hatte, stellte fest, daß diese Lebensweise sie nicht befriedigte. Sie entschloß sich, ein Studium, das sie vor Jahren abgebrochen hatte, wiederaufzunehmen. Andere Frauen verspüren um das 30. Jahr herum das Bedürfnis, ihrem Leben mehr Inhalt zu geben, und wählen oder akzeptieren bewußt die unverheiratete Mutterschaft. Männer beenden endlich ihr Studium oder ihr herumstreifendes Leben und suchen sich einen festen Arbeitsplatz.

Wichtig ist, daß der Mensch den Mut hat, zu sich selbst zu kommen und sich auf das bisher Geleistete und auch Versäumte zu besinnen und darauf, was er gegenwärtig tut. Noch bis zum Anfang dieses Jahrhunderts hieß es in einer Volksweisheit: «Man muß erst dreißig werden, um zu Verstand zu kommen.» Es gilt jetzt, sich Rechenschaft zu geben über das Erlebte und über das, was in der Welt geschieht.

Über was denkt der Mensch jetzt nach? Jeder Mensch bekommt in seiner Jugend von Eltern oder anderen Erziehern aus der Tradition heraus Ratschläge und Lebensregeln mit. Ob die Regeln aus der Erziehung für ihn noch gelten und inwiefern diese noch in Übereinstimmung sind mit den eigenen Erfahrungen und Einsichten – diese Frage muß sich jeder selbst beantworten. Der Mensch kann auch darüber nachdenken, ob seine bisherige Lebensweise nicht zu ändern sei; einfach weiter wie bisher stets nur genießen, was es nur zu genießen gibt, oder sich darauf zu besinnen, was es sonst zu tun gäbe, was an innerer Gestaltung zu tun wäre. Damit ist gewiß nicht gemeint, daß man in dieser Phase nur ernst und nachdenklich sein soll. Es ist eine Lebenskunst, immer den Humor zu bewahren und das ganze Leben lang Lernender sein zu können.

Selbsterkenntnis ist immer möglich. Ob wir jetzt als Junggeselle durchs Leben gehen, verheiratet sind oder mit jemandem zusammenwohnen – der Kontakt mit Freunden, Kindern und anderen Menschen kann uns Gelegenheit bieten, uns selbst besser kennenzulernen. Es ist wichtig, daß man sich ein selbständiges Urteil aus eigener Wahrnehmung, aus Studium oder Literatur mit ausgewogener Darstellung, bildet. Dann nutzt man diese Phase tatsächlich, um das eigene Leben zu ordnen und sich eine objektive Meinung zu bilden über die Ordnung der Welt.

Was geschieht nun, wenn der Mensch nicht zum Nachdenken kommt? Er verharrt in der Haltung, Erfahrungen zu bewahren, was in der vorigen Phase richtig war; er fährt fort, Gedanken von anderen zu übernehmen, die jetzt nicht mehr an Altersgenossen zu prüfen sind und damit zu Dogmen und Theorien werden. Der Mensch plappert nach, ohne sich eine eigene Meinung zu bilden, und wird dadurch manipulierbar. Die unkritische Übernahme nicht selbst durchlebter Lebensregeln und Traditionen halten ihn davon ab, nach eigener Überzeugung zu leben. Aus Respekt oder Unsicherheit der elterlichen Religion gegenüber wagt er zum Beispiel nicht, seine eigenen Auffassungen, Einsichten und Bedürfnisse auf religiösem Gebiet zu entwickeln und zu verwirklichen. Andere flüchten in fernöstliche Philosophien, wo der Guru den Platz des eigenen Ichs einnimmt. Oft wird auch die Oberflächlichkeit zur Norm erhoben. Auf Partys bemerkt man, daß die Gastgeberin eingreift, sobald einige Menschen ein ernsteres Gespräch beginnen. Prediger und Priester werden mit der Bitte konfrontiert, ihre Predigt nicht zu schwer zu machen. Das wäre unbequem und würde außerdem zum Nachdenken über sich selbst und die ganze Welt anregen, und das wollen viele nicht. Aus all dem entsteht der Eindruck: Die Leute haben nicht den Mut, den wirklichen Fragen entgegenzusehen, und im Grunde fehlt ihnen die Kraft, ihr eigenes Leben in die Hand zu nehmen.

Welcher Prozeß spielt sich da ab? Bis zum 28. Jahr wirkt eine treibende Kraft aus der Jugend, die jedoch in den folgenden Jahren abnimmt. Man kann es mit einem Ball, der am Boden rollt, vergleichen: Irgendwann wird er langsamer und steht schließlich still. So geht es auch den Menschen, die den Impuls zum steten Weitergehen nicht mehr haben. Man kann auch an die Geschichte von *Die vier Heimskinder und das Roß Beiaard* denken: Die vier Kinder sind ein Bild für die ersten vier Lebensphasen; das Pferd ist die Kraft der Jugend, es muß ertrinken, damit der Reiter selbst (= die vier) aus eigener Kraft weitergehen kann.[21]

Geschieht das nicht, dann kann, wie in der vorigen Phase, ein Gefühl der Leere in der Seele entstehen. Der Mensch, der nicht weiterkommt, bleibt in der Untergangsstimmung und im Nachplappern stecken, er ist zu erkennen an dem Verzweiflungsausdruck: «Ich weiß nicht mehr weiter» oder «Mir ist alles egal». Er flieht vielleicht in Drogen, öfter jedoch, indem er nächtelang vor dem Fernseher sitzt, rechts mit dem Alkohol und links mit den Chips. Andere versuchen, die verlorene Jugend zu neuem Leben zu wecken und die Phase der Empfindungsseele fortdauern zu lassen. Dies muß jedoch scheitern, denn diese Phase ist endgültig vorbei. Denn wenn es keine Weiterentwicklung gibt, kommt nach dem Stillstand immer der Rückgang, die Regression. Man kann es mit einem Garten, der verwahrlost ist, vergleichen: Wenn man keine neuen Pflanzen setzt und nicht rechtzeitig das Unkraut jätet, dann entsteht unwiderruflich wieder der ursprüngliche Zustand: die Wildnis.

Eine stockende Entwicklung zwischen dem 28. und 35.

Jahr verursacht, manchmal schon in dieser Phase, aber sicher in der nächsten, Generationskonflikte. Diese entstehen nicht, wie das oft selbstredend angenommen wird, ohne weiteres zwischen Jung und Alt, sondern zwischen Jüngeren und Älteren, die unreif bleiben. Wenn der Mensch keine Möglichkeit sieht, sich etwas Neuem zu öffnen, dann kann er auch nicht etwas Neues in die Welt setzen.

Es stellt sich heraus, daß sich die Seele nicht vom Leib lösen kann, wenn der Mensch in der Empfindungsseele verhaftet bleibt. Die Wünsche bleiben körpergebunden oder werden noch stärker, so daß die physische Befriedigung die einzig mögliche zu sein scheint. Die Folge davon ist, daß außer der Seele auch der Leib auf die Dauer nicht mehr ohne Alkohol oder andere Suchtmittel sein kann.

Eine andere Folge dieses Entwicklungsrückfalles ist die Manipulierbarkeit. Nicht nachzudenken, nicht objektiv kritisch zu sein und sich keine eigene Meinung zu erarbeiten, macht die Menschen anfällig für Doktrinen. Sie lassen sich durch Angstmacherei mitreißen oder einschläfern, weil «es ja nicht so schlimm ist». Wenn dann nach einer Weile die Wirklichkeit nicht mehr zu leugnen ist, kommt die große Ernüchterung.

Man braucht sich nicht zu wundern, daß in dieser Periode ernsthafte Krankheitszustände auftreten können. Aussichtslosigkeit kann Depression zur Folge haben, u. a. wenn durch die Erziehung dafür eine Grundlage gelegt worden ist. Drogen, übermäßiger Alkoholmißbrauch, aber auch zuviel Essen und Naschen zeitigen ihre Auswirkungen auf die Gesundheit. Ernüchterung und Hoffnungslosigkeit führen von allein zur Vereinsamung. So kann die zweite Krise in der Seelenentwicklung entstehen, in der ein zu tiefes Absinken der Seele in das körperliche Erleben eine Rolle spielen kann.

Nur eine positive Lebenseinstellung in dieser Phase kann hier Heilung bringen. Die Selbsterkenntnis, um die es geht, ist nicht ohne Mut und innere Aktivität zu erreichen. Aber wer den Kampf geführt hat, kann mit Vertrauen der nächsten Phase in seiner Entwicklung entgegensehen, wo ihn neue Quellen erwarten. Es ist mit dem Lebenslauf wie mit einem Staffellauf: Am Ende jeder Phase wartet eine neue Kraft.

Vom 35. bis zum 42. Jahr

Um das 35. Lebensjahr herum findet wieder eine innere Veränderung statt; der eine wird das eher, der andere etwas später erfahren. Diese Veränderung betrifft die Haltung der Außenwelt gegenüber. Der Mensch wird sich nun wieder vermehrt der äußeren Welt zuwenden. Er tut dies aber gleichsam mit einer neuen Frage: Was hat mir das Leben gegeben, und was könnte ich damit weiter tun?

Das Nachdenken über die vorige Phase kann jetzt zu einer Bewußtwerdung reifen im Hinblick darauf, was war, was bisher geschah, was in der Ehe, der Familie oder der Karriere liegengeblieben ist und auf Erledigung wartet. Dabei ist es noch mehr als in der vorigen Phase nötig, sich vom körperlichen Erleben zu lösen. Denn der Körper baut ab dieser Phase stetig ab. Während die Lebensprozesse einerseits nachlassen, werden andererseits Kräfte frei, die in Formkräfte verwandelt werden können. Je nachdem, ob es dem Ich gelingt, sich fester mit der Seele zu verbinden und diese mehr und mehr zu durchdringen, fängt der Mensch an, offener für die äußere Welt zu werden. Er entwickelt eine stärkere Hinwendung zu dem unabhängig von ihm selbst sich manifestierenden Geschehen.

Die Menschenseele balanciert in dieser Periode auf einer Grenze, wodurch viel innere Unruhe, Trauer und Einsamkeit entstehen kann. Auf der einen Seite ist da immer noch die Anziehungskraft des physischen Genusses und Erlebens; dazu gehört auch das Zeigen-Wollen der physischen Leistungsfähigkeit. Auf der anderen Seite steht die erwachende Aufmerksamkeit der Seele auf ihr Verhältnis zur äußeren Welt, wodurch der Mensch deutlicher wahrnimmt, was in seinem Leben gewesen ist und was noch kommen könnte. Der Mensch steht hier auf einer Schwelle zwischen dem Alten, Traditionellen, der Gebundenheit an die Vergangenheit einerseits und seinen eigenen Auffassungen, denen persönliche Erfahrungen zugrunde liegen und der erwachenden Vorschau auf die noch nicht realisierten Möglichkeiten der Seele andererseits. Im täglichen Leben kann dies bedeuten, daß der Mann, der schon einige Jahre gearbeitet hat, mit sich zu Rate geht, ob er seine gemachten Erfahrungen nicht noch an einem anderen Ort verwirklichen kann. Wenn die Frau Hauptverdiener ist, dann gilt für sie dasselbe. Wer arbeitslos ist, kann sich die Frage stellen, ob er seine Erfahrungen in den Dienst von Organisationen oder Heimen stellen kann, wo man auf Hilfe angewiesen ist. Die Frau als Mutter kann sich intensiv der Außenwelt zuwenden, indem sie sich beim Schul- und Freizeitleben der Kinder aktiv beteiligt. Natürlich gilt für den Vater dasselbe.

Der Mensch entwickelt in dieser Phase den Teil seiner Seele, den man Bewußtseinsseele nennt. Das Leitmotiv ist nun: *Was hat die Welt mich gelehrt, und wie verwirkliche ich mich in der Welt?*

Man könnte auch sagen, daß der Mensch sich seines eigenen Ichs bewußt werden muß. Er kann sich in gewissen Situationen, in die er hineingerät, als Übung fragen, ob er diese selbst wählen würde: Will *ich* dieses oder «will» mein Begehren, meine Eitelkeit oder mein Leib dies? Das heißt nicht, daß das eine ohne weiteres besser ist als das andere; den Umständen entsprechend wird manchmal das eine, manchmal das andere vorgezogen werden. Es geht jedoch darum, von der Kraft und der Macht, die «so nötig muß», Bewußtsein zu erlangen. Das heißt, daß der Mensch seine Zukunft betrachten muß: seine Arbeit, die Kinder, die Beziehung zum Lebenspartner, sich selbst. Er kann sich die Frage stellen, ob er den eingeschlagenen Weg weitergehen soll und ob dies der Sinn seines Lebens ist, oder ob der Sinn bis hierher gilt, jetzt aber an irgendeinem anderen Ort, in einer anderen Tätikeit gesucht werden muß.

Einige Menschen drücken dieses Geschehen in Bildern aus. Manche dieser Bilder laufen auf das Folgende hinaus: «Ich träumte, daß ich mit meiner Familie und meiner Arbeit unter Wasser lebte, aber jetzt meinen Kopf zum Eis hinausstreckte und dort eine einsame Ebene sah. Ich fühlte mich auch einsam und zog mich schnell wieder zurück in das Altvertraute. Nach einer Weile wurde es mir jedoch wieder zu eng, und ich streckte meinen Kopf abermals durchs Eis. Jetzt sah ich mehrere Köpfe, auch solche, die ich nicht in der Einsamkeit erwartet hätte. Wir nickten uns zu. Es war nun nicht mehr nur Einsamkeit wahrnehmbar, sondern auch ein freies Gefühl und die Erkenntnis, etwas Neues beginnen zu können. Dennoch zog ich mich nach einer Weile aus Pflichtgefühl wieder zurück. Es zeigte sich aber, daß die Familie und die Arbeit mir keine Befriedigung mehr gaben. Ich spürte, daß ein anderer Impuls nötig war neben den Aufgaben, die ich nun einmal auf mich genommen hatte. So streckte ich abermals den Kopf übers Eis und erkannte, daß ich auf das Eis hinauskriechen und dort weitergehen mußte, um weiterkommen zu können.»

Diese Einsicht bewirkte beim einen die Suche nach einer anderen Arbeit, bei einer Hausfrau, daß sie die Kinder und den Ehemann mehr in den Haushalt miteinbezog, so daß sie sich in der verfügbaren Zeit einem Hobby widmen konnte. Eine andere wieder ging in derselben Situation daran, ihre künstlerischen Talente zu entfalten, und noch eine andere benützte ihre freie Zeit für soziale Aktivitäten.

In dieser Phase, wo, wie schon erwähnt, die physische «Lebenslinie» absteigt, kann der Mensch auch die Relativität des eigenen Körpers erleben. Spielte der Leib in der vorigen Phasen noch eine mehr oder weniger vorherrschende Rolle, so wird man jetzt nach und nach Rücksicht nehmen und seine Aktivitäten den veränderten Gegegenheiten anpassen. Für viele ist diese neue Wirklichkeit schwer zu akzeptieren. Aber trotzdem muß die Erkenntnis wachsen, daß der Körper hauptsächlich das Haus ist, in dem die Seele wohnt, bzw. daß er das Instrument der Seele ist.[22]

Um die Vierzig herum sollte ein Selbstwertgefühl entstehen, das nicht nur auf äußerem Ansehen oder auf körperlichen Leistungen beruht, sondern vielmehr davon abhängt, was man an inneren Erfahrungen gesammelt hat und zur Weisheit und Einsicht hat aufblühen lassen. Außerdem kann dadurch, daß die Aufmerksamkeit sich stärker auf die Außenwelt richtet und der Mensch sich mehr von den körperlichen Genüssen löst, in der Seele ein Freiheitsgefühl entstehen. In dieser Phase kommt der Mensch in eine Schwellensituation. Nur wenn er tatsächlich ein neues Verhältnis zur Welt sucht, kann seine Entwicklung weitergehen, mehr oder weniger losgelöst von der niedergehenden Lebenslinie. Tut er dies nicht, besteht die Gefahr, daß seine innere Entwicklung dieselbe Richtung einschlägt wie seine abnehmende Vitalität.

An diesen Schwellenübergang erinnert uns zum Beispiel auch das Märchen von *Frau Holle* (Grimm). Man kann weiterwachsen, oder man erlebt den Niedergang, die Verhärtung des physischen Leibes in der Seele zu stark mit. Der Mensch, der weiterwächst, ist die «Gold-Marie», die die Weisheit erwirbt. Der andere ist in der «Pech-Marie» zu erkennen, die erstarrt. Das gleiche Motiv ist in einigen russischen Märchen zu finden,[23] wo die Stieftochter wegen ihres freundlichen Wesens und Benehmens von Morozko verschont wird und die andere, die Tochter der Stiefmutter, erfriert. (Morozko ist in der russischen Folklore der Geist der Kälte.)

Was geschieht denn, wenn das Weiterwachsen zu Selbst-

bewußtsein und innerer Freiheit nicht stattfindet? Der Auf-
wachprozeß droht in der eigenen Körperlichkeit zu erstik-
ken, wenn die Seele sich davon nicht löst. Der Mensch erwacht dann für seinen Leib anstatt für die Außenwelt.

Er erlebt dann alle körperlichen Unvollkommenheiten
und Störungen. Weil er denen so viel Aufmerksamkeit
schenkt, nehmen die Beschwerden ein größeres Maß an als
normalerweise. Ein kurzer Schmerzensmoment, verursacht
durch einen sich zusammenziehenden Muskel, wie das ein
jeder kennt, wird zu einem «Stich», wegen dem der Arzt
konsultiert wird. Andere werden sich ihres Stoffwechsels
übermäßig bewußt, der gerade deshalb durcheinandergerät.
Kurz, auf diese Art entstehen die sogenannten hypochond-
rischen Beschwerden.

Im Hinblick auf den Menschen, der, um weiterzukommen, auf das Eis kriecht, kann man sich vorstellen, daß
man, wenn man mit dem Kopf unter der Oberfläche bleibt,
auch alle alten Enttäuschungen und Ängste wieder erlebt.
Es gelingt einem nicht, dies zu relativieren. Die Ereignisse
können nicht Vergangenheit werden. Man kann den Menschen dann mit einer Raupe vergleichen, die ihren Kokon
nicht verläßt und also auch nicht als Schmetterling in die
sonnenbestrahlte Welt fliegt; er erstickt und wird in dem
engen Raum das Opfer von allerlei Ängsten. In diesem
Falle folgt der Mensch seiner niedergehenden Lebenskurve.
Die beginnende Abbauprozesse im Körper schleppen die
Seele, die nicht frei wurde, mit, und es entsteht das tragi-
sche Bild des Menschen mit den körperlichen Beschwerden. Je nachdem, welches Organ beteiligt ist, geht es einmal
um Todesangst (das Herz; vage Herzbeschwerden), dann
einmal um Lebensangst (die Leber; Beschwerden im Zusammenhang mit dem Stoffwechsel der Leber), Angst vor
der Umgebung und vor anderen Menschen (die Lungen;
zum Beispiel Druckgefühl auf der Brust) oder Angst vor
Krankheiten (die Nieren; Störungen in den Nierenprozes-
sen).[24] Wenn gegen diese Beschwerden nichts getan wird,

können diese im späteren Alter in die fixe Idee münden: Es geht bergab mit mir.

Es ist auch möglich, daß diese Ängste und depressiven Gefühle mehr auf die Außenwelt gerichtet sind. Die Folge davon ist dann zum Beispiel «Armutswahn»: die Idee, arm zu sein, ohne daß dies in Wirklichkeit so ist.

Die dritte Folge könnte sein: Der Mensch hat durch die Gefangenschaft der Seele keine Perspektive mehr für die Zukunft, fällt in die Tradition zurück und fühlt sich darin unglücklich. Der Mensch spricht, wenn er sagt: «Ich bin nun einmal so, wie ich bin», eigentlich über seine Zukunft ein Todesurteil aus. Es ist das Bild der Bewußtseinsseele, die nicht geboren werden kann. Oft liegt die Ursache schon in der vorigen Phase, und dann ist das Problem um so schwieriger zu bewältigen. Denn wenn das Denken und Fühlen nicht geläutert sind, nicht verinnerlicht sind, entsteht ein erstarrtes oder ganz und gar intellektuell gewordenes Bewußtsein. In Dogmen, Vorurteilen und Normen zu denken, bildet ein Hindernis für die weitere Entwicklung.

Wenn die Bewußtseinsseele aus den genannten Ursachen nicht geboren wird oder nur zum Teil frei wird, wird der Mensch sich bloß dessen bewußt, was durch den Entwicklungsstillstand an hartnäckigen Einseitigkeiten und alten Konflikten entstand. Das geschieht deshalb, weil der Mensch nicht wirklich zum Bewußtsein seines eigenen Ichs, seiner eigenen Möglichkeiten kommt und nicht gelernt hat, vorauszublicken.

Die Krise dieser Phase ist eine geistige Krise. Die materialistische Lebenshaltung wird eine bittere Erfahrung, von der man sich nur durch intensives Bemühen lösen kann. Der Mensch gerät in eine Leere, wenn er den geistigen Hintergrund des Lebens nicht gefunden hat. Das Ich hat sich jedoch gelöst von seinem Ursprung, ob der Mensch das nun will oder nicht. Er verliert dadurch die alte Seelenverwandtschaft des Einsseins mit der Welt, während er die Verbindung mit seinen neuen Möglichkeiten noch nicht findet. Es ist dann, als käme er in sein altes, aus der Vergangenheit stammendes Haus zurück. Es ist ihm vertraut, aber er fühlt sich darin nicht mehr zu Hause.

In der Praxis sieht man viele Beispiele hierzu. Bei Ehepartnern richtet sich einer auf die Zukunft und entwickelt neue Aktivitäten, während der anderen stehenbleibt und im Grunde zurückfällt. Beim Mann kann sich das äußern in Bemerkungen wie: «Ach, Mensch, über was regst du dich auf!», während er sich der Zeitung oder dem Fernseher hingibt. Bei der Frau kann es sich darin äußern, daß sie sich zu einseitig oder ausschließlich mit den Kindern – die dann schon erwachsen geworden sind – beschäftigt.

Der Mensch muß sich klar sein darüber, daß er sich entwickeln kann, indem er etwas Neues beginnt, gerade in dieser Phase. Anstatt dem Körper auf einseitige Art Aufmerksamkeit zu widmen, indem man sich mit Jüngeren mißt oder übertriebenermaßen eine Sportart ausübt, muß nach neuen Interessengebieten gesucht werden.

Alles, was in der Jugend nicht gelernt wurde, ist später nicht wie selbstverständlich anwesend. Das muß dann bei jeder entsprechenden Gelegenheit neu erobert werden. Wenn man zum Beispiel seine Emotionen nicht äußern durfte, ist es später nicht ohne weiteres einfach, flexibel damit umzugehen. Man wird sich das dann jedesmal realisieren und diese Verschlossenheit oder Reserviertheit überwinden müssen.

Was sich in dieser Phase abspielt, ist in folgendem Bild zusammenzufassen: Ein Emigrant steht an der Reling eines abfahrenden Schiffes. Er winkt den Freunden und Angehörigen am Ufer zu und wird sich dessen bewußt, daß alles, was er geworden ist, möglich wurde durch diejenigen, die ihn umgaben und bei denen er immer wieder anklopfen konnte. Das Schiff gewinnt offene See, und nach einiger Zeit begibt sich der Emigrant unter Deck, um etwas in seinem Gepäck zu suchen, was er jedoch nicht finden kann. Gewohnheitsmäßig will er sich an einen Bekannten wenden, aber mit

Schrecken wird er sich dessen bewußt, daß niemand mehr da ist. Wieder an Deck gekommen, sieht er nur fremde Gesichter. Ein Gefühl der Einsamkeit, der Verlassenheit und der Unzulänglichkeit überfällt ihn. Dann realisiert er, daß er nicht mehr auf Altes zurückgreifen kann, daß diese Quelle versiegt ist. Das, was ihm half, zu dem zu werden, was er ist, hat er zurückgelassen. Das, was er im neuen Land werden soll, wird von ihm abhängen. Dafür wird er selber neue Quellen erschließen müssen.

Zum Abschluß der Darstellung der Seelenentwicklung sei nochmals darauf hingewiesen, daß es beim ganzen menschlichen Lebenslauf nicht um starre Gesetze geht. Jeder wird mit der entsprechenden Entwicklungsphase früher oder später konfrontiert. Eine Phase nicht ganz zu bewältigen, bedeutet nichts Unwiderrufliches. Es ist immer möglich, später daran zu arbeiten, obschon es dann meistens schwieriger wird, die Probleme zu bewältigen.

Märchen zu dieser Periode

Wie schon erwähnt wurde, beziehen sich viele der Grimmschen Märchen auf die Entwicklungsphase vom 14. bis zum 21. Jahr. Es handelt sich meistens um einen Prinzen, eine Prinzessin und einen dunklen Wald mit Drachen, Riesen, Zwergen und Hexen, mit denen der Prinz kämpfen muß, um schließlich die Prinzessin zu befreien.

Die Märchen für das Alter vom 21. bis zum 42. Jahr, und das sind namentlich die Märchen aus Nordeuropa, erzählen von anderen Aufgaben. Die Prinzessin, die gesucht und dann befreit oder erobert werden muß, befindet sich auf einem hohen Berg oder auf einer weit entlegenen Insel mitten im Meer. Die Widerstände, die Hindernisse auf dem Weg werden mit Hilfe eines Falken, Raben oder Adlers überwunden oder mit Gegenständen aus Kupfer, Silber und Gold.

Daß gerade Märchen aus diesem Teil Europas für die zweite große Entwicklungsphase (von 21 bis 42 Jahren) sinnvoll sind, ist nicht zufällig. Rudolf Steiner deutet in verschiedenen Vorträgen darauf hin, daß nach der Sintflut die atlantische Kultur übertragen wurde in Gebiete, die man jetzt als Europa, Teile Asiens und Teile Afrikas kennt. In Südeuropa, einem Teil Südasiens und Teilen Afrikas erfuhr diese Kultur eine Veränderung, so daß dort neue Kulturen entstanden, die Kulturen des Morgenlandes der Antike. Die alte atlantische Weisheit, die nach Nordeuropa gelangte, wurde dort gleichsam bis zu der Zeit bewahrt, in der sie sich weiterentwickeln konnte. Nach Steiners Aussage leben wir jetzt in dieser Zeit.[25] Ein Abbild jener alten atlantischen Weisheit finden wir neben den Märchen in Werken wie der *Edda*, der *Kalevala*, dem Epos der Finnen, und dem *Traumlied* von Olaf Åsteson.[26]

Im folgenden werden wir die Märchenbilder selbst betrachten. Das häufig erscheinende Bild des Berges steht für die höhere Weisheit, aus der eine Übersicht möglich ist. Dieses Bild ist auch im Neuen Testament zu finden: Christus, der sich auf den Berg zurückzieht.

Das Bild der Prinzessin in diesen Märchen hat einen anderen Inhalt als in denen aus Mitteleuropa. Zum Beispiel enden Grimms Märchen einige Male mit dem Satz: «Der Prinz erhielt das halbe Königreich, und sie lebten noch lange und glücklich zusammen.» Ja, wenn man 21 ist, bekommt man nicht mehr als das halbe Königreich! Die andere Hälfte muß der Prinz-Mensch sich zwischen dem 21. und 42. Jahr erobern. Das ist eine ganz andere Entwicklung als zuvor. Um das 40. Jahr herum ist die See verdunkelt durch all das, was man an Traditionen mitgebracht hat. Die eigenen Erfahrungen und Einsichten aus den letzten drei Lebensphasen wollen hervortreten, möchten geboren werden, sind aber verdüstert durch die traditionellen Ansichten, die aus dem Dunkeln, Unbewußten wirken. Dies ist in dem Bild der «zweiten» Prinzessin zu finden. Sie lebt in einem Schloß, das ganz verdüstert wird durch einen Baum, der alles Licht wegnimmt. Diese Ausgangssituation und die Erlösung durch den Prinzen, das heißt, die Art und Weise, wie das Ich der Seele bei ihrer Entwicklung hilft, werden im Märchen *Die Prinzessin in dem verdunkelten Schloß* erzählt. Dieses Märchen ist am Schluß des Buches abgedruckt.

Ein anderes, in vielen Märchen erscheinendes Bild ist das des jüngsten von drei Brüdern, der nie arbeitet (nicht im Materialismus gefangen ist), schmutzig aussieht, aber den Mut hat, Pferde zu zähmen mit kupfernen, silberne und goldenen Zäumen und der dazugehörigen Waffenrüstung. Mit diesen weiß er die Prinzessin zu befreien (*Die Prinzessin auf dem gläsernen Berg,* ein norwegisches Märchen).

Was wird nun in diesen Märchen mit den Bildern: Falke, Rabe und Adler oder Kupfer, Silber und Gold gesagt? Im vorhergehenden wurde beschrieben, daß zwischen dem 21. und 42. Jahr die Empfindungsseele, die Verstandes- oder Gemütsseele und die Bewußtseinsseele entwickelt werden müssen. Das bedeutet, daß der Mensch die drei Seelenkräfte Fühlen, Denken und Wollen zu beherrschen lernt. Das heißt auch, entsprechende Erfahrungen zu machen, das Gleichgewicht zwischen Verstand und Gefühl zu finden und Bewußtsein für das eigene Ich zu entwickeln.

Der Falke ist das Bild für die erste Phase der Seelenentwicklung (21.–28. Jahr): Wollen, Erfahrungen machen, Empfinden, Verbindungen schaffen. Wenn man Falken beobachtet, dann fällt einem ihre Beweglichkeit auf und ihre Vorliebe für gewisse Beobachtungsposten wie Kirchtürme und Telefonleitungen. Auch Kupfer ist das Bild für diese Periode. Kupfer hat nicht nur mit Mut zu tun (es war vor der

Entdeckung des Eisens, in der Bronze, das Metall des Mutes und des Kampfes), sondern auch mit Verbindungen, Biegsamkeit und Empfänglichkeit. Dies deutet auf die Venusqualitäten hin, die der Mensch in dieser Phase braucht. Das Wollen ist hier noch ein Aufnehmen-Wollen, Erleben-Wollen, Erfahren-Wollen, bis es durch das Ich beherrscht wird. Diese Empfänglichkeit spiegelt sich in der leitenden Wirkung und der Biegsamkeit des Kupfers, durch das es für zahlreiche Verbindungen brauchbar wird.

Die zweite Phase der Seelenentwicklung, die fünfte im menschlichen Lebenslauf (28.–35. Jahr), hat als Aufgabe, die Erfahrungen der vorigen Periode zu harmonisieren, zu ordnen. Es geht um das Fühlen und die Entwicklung der Verstandes- oder Gemütsseele. Im Märchen findet man das Bild des Raben oder des Silbers. Man sieht einen großen Vogel wie einen schwarz gekleideten Herrn, der etwas Belehrendes an sich hat. Er betrachtet gleichsam seine Umgebung, und man kann ihm in die Augen sehen. Es ist völlig anders, als wenn man einem Adler in die Augen zu schauen versucht: Da schaut man in eine grenzenlose Weite. In vielen Geschichten ist der Rabe der Lehrer. Über das Silber wird z. B. in dem Buch Daniel aus dem Alten Testament erzählt, in dem Nebukadnezars Traum beschrieben wird: «Der König sah ein gewaltiges Standbild vor sich, das Haupt dieses Bildes war aus Gold, seine Brust und seine Arme aus Silber, sein Bauch und seine Gliedmaßen aus Erz, seine Beine aus Eisen, seine Füße teils aus Eisen, teils aus Lehm . . .» Friedrich Husemann bemerkte in einem Vortrag zu diesem Traumbild: «Der mittlere Teil, Brust und Arme, war also aus Silber. Das hat mit dem Herz und mit dem Atem zu tun, und es ist bekannt, wie stark diese Prozesse mit dem Gefühl, mit den Emotionen, mit dem Erleben von Gut und Böse verbunden sind. Die Arme sind das darstellende Elemente dieses Gebietes. Es ist auch das Gebiet, wo Schönheit entstehen kann, die durch Hände und Arme geformt werden kann.»[27] Der Zusammenhang zwischen Gefühl und Silber ist auch auf andere Weise wahrnehmbar. Silber ist das Metall der Mondenkräfte, man spricht ja vom silbernen Mondlicht oder vom silbernen Mondstrahl. Romantische und verliebte Gefühle können sich in einer schönen, silbernen Mondnacht entfalten.

Was bedeuten nun der Adler und das Gold? In der sechsten Lebensphase (35.–42. Jahr), wo der dritte Aspekt der Seele, die Bewußtseinsseele, entwickelt werden muß, hat der Mensch die Aufgabe, ein unbefangenes, helles Denken über das Leben zu entwickeln. Der Mensch muß zu Selbstbewußtsein kommen, sich bewußt werden, daß er in seinem Leib wohnt, jedoch ein geistiges Wesen ist. Die Übersicht über das Leben läßt ihn dessen Relativität erkennen. In dieser Phase wird gleichsam der Gipfel des Berges erreicht. Wenn wir jetzt dem Adler versuchen in die Augen zu schauen während eines Besuches im Zoo, oder wenn wir den Adler in seltenen Fällen weit und hoch oben über Berg und Tal schweben sehen, dann können wir den Eindruck der Märchen durchdringen. Um das Gold als Bild dieser Lebensphase zu begreifen, müssen wir weit in die Geschichte zurückgehen, bis zu 2000–3000 Jahre v. Chr. Gold war damals noch kein Tausch- oder Zahlungsmittel. In diesen alten Zeiten erlebte man das Gold als ein Stück der Sonne. Es gehöre dem König, der auch Hohepriester war, also dem Priester-König. Gold diente dem König als Schmuck des Tempels und des Palastes. Es war das königliche, heilige Metall. In dieser Lebensphase, vom 35. bis 42. Jahr, mußt der Prinz sich zum König entwickeln.

Alle diese Märchen können auch Kindern erzählt werden. Natürlich ohne Erklärung. Das Kind nimmt die Bilder im Zuhören auf für seine weitere Entwicklung. Der erwachsene Mensch, der sie vorliest, erzählt oder sie für sich selbst liest, kann darin eine Stütze finden, indem er die Bilder sprechen läßt für die Schwierigkeiten, denen er auf seinem Lebensweg begegnet.

DRITTER TEIL
Die dritte Lebensphase
Vom 42. bis zum 63. Jahr
und danach

Die Entwicklung vom 42. bis zum 63. Jahr

Nach der Epoche, in der sich die Seelenkräfte in drei Phasen entwickeln konnten, befindet sich der Mensch jetzt wieder am Beginn einer ganz neuen Epoche: in den nächsten Jahren kann der Mensch im eigentlichen Sinne zu einer *geistigen* Entwicklung kommen.

Es können – durch noch näher zu besprechende Ursachen – Konflikte sichtbar werden. Durch das Schicksal oder dadurch, daß gewisse Probleme aus einer vorigen Periode noch nicht verarbeitet sind, können Depressionen oder Krankheiten entstehen. Der Mensch kann völlig deprimiert werden, weil die Zukunft, das zu ändernde Leben, noch nicht sichtbar ist. Dies kann sich im Körperlichen in verschiedenen Beschwerden äußern: ein Druck auf der Brust, Herzklopfen, Schlafstörungen, Appetitlosigkeit und Schmerzen, für die keine Ursache nachweisbar sind. Es kann sich auch gleichzeitig im Körper und in der Seele äußern, so daß das Bild der psychosomatischen Depression entsteht. Im vorigen Kapitel wurde auf diese Erscheinungen schon hingewiesen. Dennoch braucht man diese Beschwerden – vorausgesetzt, sie haben keinen offensichtlichen körperlichen Ursprung – nicht ohne weiteres als unüberwindlich anzusehen. Es ist gut, wenn man sie als Warnzeichen betrachtet! Es sind Zeichen dafür, daß die Seele in Disharmonie geraten ist. Es kann eine Warnung sein: Du bist auf der falschen Spur, du mußt etwas für dich tun!

Gerade solche Beschwerden zu überwinden, indem man Lebenshaltung und Lebensgewohnheiten verändert, weckt Kräfte in der Seele, die bei der weiteren Entwicklung behilflich sein können. Denn jeder Mensch kann erfahren, wieviel Ruhe und Kraft entsteht, wenn er einen sinnvollen Entschluß faßt: zum Beispiel, etwas Neues anzufangen, eine innere Haltung zu ändern oder sich von etwas, das vorbei ist, zu lösen. Sinnvolle medizinische Begleitung und künstlerische Therapien können dies unterstützen. Krankheiten können für die Seele einen Gesundungsprozeß bedeuten.

Es braucht eine starke innere Anstrengung, die Finsternis, die man um das 40. Jahr herum erleben kann, zu überwinden und so zu einem Blick auf die Zukunft zu kommen. Wir haben bis dahin viel Wissen erworben, «wir kennen das Leben». Aber wenn man das Leben wirklich kennt, erfährt man erst, wie schwierig es dann gerade wird, dieses Wissen mit Fühlen zu durchdringen.

In dieser Phase wird es auch notwendig, zur Wirklichkeit des Todes und des Sterbens ein Verhältnis zu finden. Es ist dann zwar für die meisten Menschen noch nicht so weit, aber es ist gut, sich nach dem vierzigsten Jahr mit dieser Realität vertraut zu machen.

Wie schon bemerkt wurde, geben viele Menschen in diesem Alter auf. Andere wollen weitergehen, weil sie sich bewußt sind, daß sie mit Vierzig noch nicht am Ende sind, sondern daß noch neue Entwicklungsmöglichkeiten auf sie warten.

Die nächsten drei Phasen haben, wie die vorigen, ihre eigenen Impulse, tragen aber auch die Gefahr eines Rückfalls in sich, da sie in einem polaren Verhältnis zu den drei ersten Phasen stehen.

Außerdem können unbewußt gebliebene Enttäuschungen aus einer der drei Jugendphasen jetzt, in den späteren Phasen, aus der Erinnerung aufsteigen. Das können auch vergessene Ereignisse sein. Die Betreffenden erzählen dann: «Ich muß in den letzten Monaten immer an . . . denken und fange dann an zu heulen.» Bei anderen äußern sich diese vergessenen Ereignisse über die Körpersprache unverstandenen physischen Beschwerden oder psychischen Erscheinungen wie Deprimiertheit. Wenn durch «Spiegelung» zu den gegenüberliegenden Phasen das Trauma entdeckt wird, ist es möglich, durch Verarbeitung die Erscheinungen oder gar die Beschwerden zu lindern, zu handhaben oder sogar verschwinden zu lassen.

Was diese Polarität (die Verbindung zwischen entgegengesetzten Kräften) zwischen der ersten und der dritten großen Lebensphase beinhaltet, möge auf den nächsten Seiten deutlich werden.

Vom 42. bis zum 49. Jahr

Wenn der Mensch zwischen dem 35. und 42. Jahr sich dessen bewußt geworden ist, was noch aufzuarbeiten ist und was in seinem Leben neu entstehen könnte, wenn er sich weiter entwickeln will, dann wird er jetzt in der folgenden Phase vor die Frage gestellt, wie das zu verwirklichen ist.

Menschen um die 40er Jahre herum können, wie wir schon sahen, eine gewisse Niedergeschlagenheit erfahren, eine Lustlosigkeit, die zur Depression führen kann. Sie fühlen sich einsam und unzulänglich. Ereignisse, Aktivitäten und Aufgaben verlieren ihre Anziehungskraft, Auffassungen und Normen ihren Wert. Weshalb ist das so, was geschieht in der Seele?

Eigene Erfahrungen und Einsichten wollen bewußt werden, wollen einen Platz einnehmen als Errungenschaften der selbständigen Persönlichkeit. Kurz: Die Bewußtseinsseele will geboren werden. Das kann innere Spannungen verursachen wegen des Kampfes gegen die traditionellen Auffassungen, der dann entsteht. Es kann auch ein trauriges Erlebnis werden, wenn die Seele sich um das 40. Jahr herum nur ungenügend vom Körper gelöst hat, um sich jetzt mehr mit dem Geiste verbinden zu können. Die Seele rutscht dann zurück in die Enge des Körperlichen und erlebt, anstelle einer steigenden geistigen Entwicklung, die physischen Einschränkungen und Abbauprozesse. Viele sind sich an diesem Altersknotenpunkt dessen nicht bewußt, was in ihrer Seele geschieht, und versuchen, den unangenehmen Gefühlen zu entfliehen durch den Alkohol, die Sensationspresse und andere Genüsse, die die Unterhaltungsindustrie anbietet. Dies bewirkt jedoch nur noch eine weitere Aushöhlung, eine größere Leere in der Seele, welche auf die Dauer jegliches Verständnis von Lebenswerten unmöglich macht und zur weiteren Abhängigkeit, Stumpfheit und Teilnahmslosigkeit – durch welche Menschen manipulierbar werden – führen kann.

Was sind bei näherer Betrachtung die Ursachen, die die genannten Gefühle beim 40jährigen aufrufen? Es ist wichtig, darauf tiefer einzugehen, weil der Mensch nur dann zur Überwindung etwas tun kann, wenn er sich der Ursachen bewußt ist. Das Gefühl der Deprimiertheit, des Nicht-genügen-Könnens und der Einsamkeit erlebt der Mensch, weil er der «Emigrant» ist (siehe voriges Kapitel), der merkt, daß das Alte seine Werte verloren hat. Der Dichter Jan Eijkelboom beschreibt es folgendermaßen:

Dann erwacht' ich in einem dunklen Wald,
Ich war verirrt inmitten meines Lebens.
Es ließ mich einfach los, was mir gab Halt.[28]
Dieses Loslassen dessen, was bis dahin vertraut war und
«Halt» gab, kann den Menschen niederdrücken und veran-
laßt ihn, sich einsam zu fühlen. Gefühle der Unsicherheit
tauchen auf, weil eine Zwischenzeit entsteht, wo er noch
nicht weiß, was er muß, was er kann. Er ist mit dem ganz
kleinen Kinde zu vergleichen, das, an der Außenseite des
Laufgitters stehend, die Gitterstäbe losläßt, weil es zum
Stuhl hin will und erlebt, daß es in dem Zwischenraum keinen Halt gibt, so daß es mit den eigenen Beinen gehen muß.
Dieses Bild wiederholt sich im Leben mehrere Male, so auch
auch hier um das 40. Jahr herum, da der Mensch sich von
angenommenen und eingeschliffenen Auffassungen befreien
muß und diese anpassen oder ersetzen muß durch eigene Erfahrungen und Einsichten. Das geht nicht von allein. Auch
an seinem Arbeitsplatz kann er damit konfrontiert werden:
Die bis dahin akzeptierten Normen, Auffassungen und kol-
legialen Verhältnisse befriedigen nicht mehr.

Dazu kommt, daß der Mann seine ersten grauen Haare
entdeckt und bemerkt, daß sein ältester Sohn bei den Mädchen mehr auffällt als er selbst. Die Frau als Mutter glaubt zu
erleben, daß der Ehemann und die Kinder sie nicht mehr so
nötig haben, was übrigens ein falscher Eindruck ist! Sie findet, daß sie weniger attraktiv ist wegen der ersten Fältchen
und grauen Haare und fühlt sich minderwertig. Auch der
alleinstehende Mann oder die alleinstehende Frau können
übereinstimmende Gefühle und Gedanken bei sich wahrnehmen. Beide, der Mann wie die Frau, müßten sich eigentlich bewußt werden, daß das Selbstwertgefühl in diesem Alter nicht mehr ausschließlich am Äußerlichen oder an dem,
was sie physisch leisten können, zu messen ist, sondern mehr
an dem, wie man mit Wissen und Erfahrungen umgeht.

Es geschieht in dieser Phase enorm viel auf dem Gebiet
der Beziehungen. Das Bewußt-Werden hat nämlich zur

Folge, daß man einander anders sieht. Wenn man jung ist, akzeptiert man jemandes unangenehmere Eigenschaften noch mit dem Gedanken: Das wird sich schon noch ändern. Nun, da die erwartete Änderung nicht eingetreten ist, kann das Ärger verursachen. Zudem sieht man im anderen gewisse Eigenschaften, an denen man sich stößt, ohne zu bemerken, daß man diese Eigenschaften vielleicht selber auch hat. Gerade hier ist das bekannte Sprichwort vom «Splitter» und vom «Balken» im Auge des anderen oft sehr angebracht.

In diesem Alter wird man im eigenen Innern und im andern dessen gewahr, was in der Literatur als «Doppelgänger» bekannt ist.[29] Dies deutet auf die Schattenseite, die ungeläuterte Seite der Persönlichkeit, die hervorragend geeignet ist für die Gegenmächte, um darin zu wirken (siehe das betreffende Kapitel im 4. Teil). Wenn man ein Auge dafür entwickelt, kann man erleben, wie bei einem Streit zwischen zwei Menschen nicht diese zwei Menschen, sondern ihre Doppelgänger sich streiten. Diese versuchen Uneinigkeit zu bewirken. Gelingt es, einen dieser Doppelgänger zu entlarven und zum Beispiel mit einer relativierenden humoristischen Bemerkung zu entschärfen, dann kann das den Weg zu Beratungen öffnen, wo Verständnis füreinander entsteht anstelle des Streites, der zu nichts führt.

Das Alte loslassen und das Bewußtsein, etwas Neues anfangen zu wollen, kann Anlaß sein für viele Spannungen zwischen Menschen, die auf irgendeine Weise in einer Beziehung zueinander stehen, sei es in einer Ehe oder Partnerschaft oder auf dem Gebiet der Arbeit oder der Freizeitbeschäftigung. Betrachten wir z. B. eine Beziehung von zwei Menschen, die zusammenleben: Da gibt es verschiedene Möglichkeiten. Der eine läßt los und möchte etwas Neues anfangen, der andere nicht. Natürlich ist es möglich, daß beide sich neuen Aufgaben stellen oder beide in die polare Phase zwischen 14 und 21 Jahren zurückfallen. In jedem Fall können enorme Spannungen mit harten Auseinandersetzungen entstehen, mitausgelöst durch das Aktivwerden des

Doppelgängers. Auf diese Weise kann eine Ehe zugrunde gehen, weil vorher die «Zwischentöne» überhört wurden, nur zu oft Rücksicht am falschen Ort geübt wurde und weil man die Aufgabe dieser Phase nicht erkannt hatte.

So stellt sich heraus, daß die Geburt der Bewußtseinsseele von vielen Gefahren begleitet wird. Man kann sie zusammenfassen in Egoismus, Vereinsamung und Sich-Auseinanderleben, wodurch der Mensch verhärtet und sich verirrt. Diese Gefahren zu erkennen und uns täglich die Art und Weise vor Augen zu halten, wie wir mit uns selbst und in allen Beziehungen miteinander umgehen, kann uns helfen, den Irrweg zu vermeiden. Hier sind besonders zwei Hilfsmittel wichtig. Das erste ist, sich mit dem Bewußtsein zu durchdringen, ein geistiges Wesen zu sein, das sich auf einem Entwicklungsweg befindet. Das zweite ist die Bereitschaft, Gespräche zu führen.

Auch wer nicht kirchlich religiös ist, kann im Urgespräch zwischen Gott und Mensch ein inspirierendes Bild des Gespräches finden, das sich ausdrückt im Aufbau des christlichen Gottesdienstes. Er ist ursprünglich wie folgt aufgebaut: die Verkündigung oder die Lesung, das Opfer, die Verwandlung und das Abendmahl oder die Kommunion. Auch das Gespräch zwischen zwei Menschen sollte eigentlich so verlaufen, will man zu einer Lösung gelangen. Viele Menschen verstehen unter Besprechung nur die Durchsetzung der eigenen Interessen. Deswegen sind solche Gespräche ergebnislos. Ein richtiges Gespräch braucht den oben genannten Aufbau. Erst sagt jeder seine Meinung (die Verkündigung), dann opfert man die Meinung, indem man dem anderen zuhört. Dann läßt man die verschiedenen Meinungen und Auffassungen auf sich einwirken, wägt sie gegeneinander ab, denkt nach und schweigt (die Verwandlung), und schließlich entsteht dann das Neue (die Kommunion), in dem jeder ein Stück weit zu seiner eigenen Meinung zurückfinden kann. Die Grundlage jedoch ist die Bereitschaft, zuzuhören und zu opfern.

Im folgenden werden die typischen Aufgaben, denen der Mensch in dieser Lebensperiode begegnet und die ihm weiterhelfen, nochmals dargelegt.

Das Bedürfnis nach *Individualisierung der eigenen Erfahrungen und Einsichten* kann zu einer neuen Lebenshaltung führen mit geänderten Auffassungen in bezug auf die Lebensgestaltung und die Rollenverteilung am Arbeitsplatz und im Zusammenleben. Es ist nun die Kunst, die gewünschten Veränderungen nicht aus einer egoistischen Haltung zu erzwingen, sondern in gegenseitiger Absprache zu untersuchen, was möglich oder unmöglich ist. Erneuerung heißt nicht, seinen Willen durchzusetzen, sondern Wege zu suchen, die dem anderen auch einen Freiraum gewähren. Wenn der Partner auch Neuerungen will, ist das schön, aber vor allem hat er Recht auf Lebensraum. Sollte der Partner den Schritt zur Erneuerung nicht machen können und in das Alte zurücksinken, muß man das tolerieren. Weiterhin bedeutet Erneuern nicht, daß man die Aufgaben, die man auf sich genommen hat, so ohne weiteres zur Seite schieben kann. Es dürfen andere durch meine Erneuerung nicht in Nöte geraten. Zudem braucht der andere nicht das gleiche Erneuerungstempo zu haben. Es ist nicht die Aufgabe, auseinanderzuwachsen, sondern einander die Freiheit zu gönnen, eigene Wege zu gehen und diese Wege sich jeden Tag kreuzen zu lassen. An diesen Kreuzungen kann man einander mitteilen, was erlebt wurde, so daß der Kontakt bestehen bleibt und man voneinander lernen kann. So entsteht ein rhythmischer Kontakt. Auf diese Weise kann man zum Beispiel mit seinem Lebenspartner in regelmäßigen Abständen Erfahrungen austauschen. Diese Erfahrungen können sich auch auf den anderen beziehen, dürfen aber nicht beschuldigend, sondern nur fragend geäußert werden. Dann wirkt so etwas befruchtend. Auch in Arbeitsverhältnissen können solche regelmäßig wiederkehrenden Gespräche sehr klärend wirken.

In vielen Gesellschaftssituationen ist es wichtig, sich dessen bewußt zu sein, daß das Männliche und das Weibliche wirklich zwei verschiedene Aspekte des menschlichen Wesens sind. Im allgemeinen kann dies, ein wenig schematisch, wie folgt angedeutet werden. Der Mann geht an alles «wissenschaftliche heran, er versucht, die Frau von seiner Ansicht zu überzeugen, und sie wird in einem solchen Gespräch oftmals ein zustimmendes «Ja» ertönen lassen. Am Schluß sagt sie dann: «Aber trotzdem ...» Manche Frau wird in der Situation denken: «Ein Mann will doch nur seinen Willen durchsetzen.» Im Gegensatz dazu wird die Frau eher andere fragen und den Konsens suchen. Der Verhaltensunterschied drückt sich auch darin aus, daß ein Mann eher eine Maschine konstruiert, die Frau dagegen sich mehr den sozialen Problemen zuwendet. Die Frau trägt ein Bild des Mannes in sich, so wie er sein sollte oder so, wie sie ihn gerne hätte; ihre Liebe hat Bildcharakter. Der Mann sieht die Frau als ein Rätsel, das er nicht lösen kann. Er hat jedoch den Wunsch, dieses Rätsel zu lösen; seine Liebe hat Wunschcharakter.

Man müßte sich immer vor Augen halten: In ihrer Bewußtseinsseele sind Mann und Frau mit dem darin lebenden Ich gleich. Jedoch in ihrem physischen Körper, Lebensleib und Empfindungsleib sind sie sehr verschieden. (Im Kapitel «Das viergliedrige Menschenbild» werden diese Begriffe kurz erläutert.)

In gesellschaftlicher und kultureller Hinsicht hat der Mann ein Übermaß an Selbstbewußtsein, er hält sich für den «Herrn der Schöpfung». Hingegen hat die Frau durch die Geringschätzung des Weiblichen in unserer Kultur zu wenig Selbstbewußtsein. In geistiger Hinsicht ist dies gerade umgekehrt. Der Mann muß sich selbst fortwährend bestätigen, denn er ist durch seinen Intellektualismus weiter von seinem geistigen Ursprung entfernt als die Frau. Da die Frau ihrer geistigen Quelle näher ist, kann sie in Notsituationen auch viel mehr ertragen.

Obschon diese Unterschiede ihre wertvollen Seiten haben, müssen wir aufpassen, daß sie nicht einseitig werden. Um zu einem besseren Gleichgewicht im Menschsein zu gelangen, kann der Mann zum Beispiel lernen, sozialer zu werden, während die Frau versuchen kann, etwas zielbewußter zu sein.

Es ist nicht nur bei Eheproblemen, sondern auch bei anderen, mehr rationalen Problemen gut, wenn die Menschen ihre eigenen Einseitigkeiten erkennen und vielleicht sogar das Komische daran einsehen.

Auch am Arbeitsplatz kann es notwendig sein, sich an neue Einsichten anzupassen. Natürlich mußten wir in den vorigen Phasen auch lernen, uns auf veränderte Umstände einzustellen. Alte Gewohnheiten loszulassen, wird in dieser und in den folgenden Phasen jedoch immer schwieriger. Das kann viel Trauer, Spannungen und Enttäuschungen bewirken. Das mag auch an einigen Beispielen deutlich werden.

Ein Handwerker sieht, wie seine Arbeit von einer Maschine übernommen wird. Ein Automechaniker sieht, wie ein junger, unausgebildeter Mann die Beule mit einer Füllmasse auffüllt, abschleift und neu spritzt und in der Hälfte der Zeit, also billiger, die Arbeit beendet. Anstatt die Technik zu übernehmen, lehnt er sich gegen diesen Grünling auf, wird krank und muß seine Arbeit nach dreißig Arbeitsjahren aufgeben.

Ein anderes Beispiel: Ein Chef hat schon den ganzen Nachmittag gerechnet, als ein junger Mitarbeiter hereinkommt und dies sieht. Er macht seinen Chef darauf aufmerksam, daß es eine Methode gibt, mit der diese Arbeit in einer viertel Stunde zu erledigen sei. Der eine Chef wird dann an der alten Methode festhalten, das Arbeitstempo auf die Dauer nicht mehr mithalten können und zusammenbrechen. Ein anderer Chef wird sich die neue Methode aneignen und dadurch mitwachsen können.

Das *Relative des physischen Leibes* zu akzeptieren, ist eine Aufgabe, mit der jedermann zu tun hat. Diese Relativität ist eine gegebene Tatsache, und dennoch wird dagegen angekämpft. Wenn man damit jedoch richtig umzugehen vermag, zeigt sich, daß die innere Ruhe und Harmonie, welche dann entstehen und von einem ausstrahlen, wichtiger sind als der physische Aspekt. Gute Körperpflege bleibt wichtig, der Mensch jedoch, der in dem Leib wohnt, muß das Wichtigste bleiben.

Das *Selbstwertgefühl und die Wertschätzung anderer Menschen* sollten nicht mehr vom Äußerlichen abhängig sein, sondern gemessen werden an der Lebenserfahrung, dem Auftreten, der inneren Ruhe und Harmonie, die von dem Betreffenden ausgehen. Erkenntnis und Erfahrung, verwandelt in Urteilsfähigkeit, kennzeichnen den Menschen, der sich ständig weiterentwickelt.

Fragen nach dem *Sinn des Lebens und Sterbens* können natürlich früher gekommen sein. Aber sicher um das 40. Jahr herum kann man konfrontiert werden mit dem Tod der Eltern, Altersgenossen oder Kinder. Die Fragen «Was ist der Tod? Was ist das Leben, und was ist der Sinn des Lebens?» tauchen dann auf. Dies erfordert ein Nachdenken über das Leben und Sterben, Vertiefung durch Literatur oder Gespräch, außerdem die Entwicklung neuer Interessen. Im Bilde des Emigranten wurde schon darauf hingewiesen, daß die alten Quellen vertrocknet sind und neue gesucht werden müssen. Eine solche Quelle ist für den einen das Aufgreifen einer alten Liebhaberei oder das Entwickeln einer neuen. (Wer damit erst im Rentenalter anfängt, ist 20 Jahre zu spät dran.) Für den anderen kann es wichtig sein, neue soziale Kontakte zu knüpfen oder seine Freizeit sozialen Aktivitäten zur Verfügung zu stellen. Ein dritter hat das Bedürfnis, eine neue Orientierung auf religiösem Gebiete zu suchen.

Wenn man sich in diesem Falle von einem vertrauten Gottesdienst löst und eine religiöse Erneuerung sucht, führt dies oft zu Spannungen mit Familienangehörigen. Es kann einhergehen mit der Lockerung der familiären Bindungen, doch zur gleichen Zeit können neue Kontakte hergestellt werden mit Menschen, zu denen kein verwandt-schaftliches Verhältnis besteht, aber dafür eine Seelenver-wandtschaft.

So wie oben schon angedeutet wurde, muß man jetzt auch lernen, den eigenen Doppelgänger und den des anderen zu handhaben. Zu lernen, mit dem Doppelgänger umzugehen, fordert ein wirkliches Akzeptieren-Können des «So-Seins» des anderen. Unbewußt kommen wir oft nicht weiter als zum Dulden des anderen; es bleibt jedoch dann die Frustration, die durch den anderen geweckt wird, und diese wirkt weiter fort; dadurch kommt es immer mehr zu einem Auseinander-leben. Sobald wir dann doch miteinander sprechen, gehen die Beschuldigungen hin und her, und es werden Bedingun-gen gestellt. Sind wir dann wirklich bei uns selbst oder beim anderen? Oder sind wir dann schon in die Falle des Doppel-gängers oder der Subjektivität, der Verletztheit, des Recht-haben-Wollens geraten, anstatt uns objektiv zu fragen: Was geschieht da mit mir, daß ich Beschuldigungen ausspreche und Bedingungen stelle, was ist wirklich los? Werden wir nicht alle in derartigen Situationen konfrontiert mit dem, was Respekt vor der Freiheit des anderen wirklich ist? Dem anderen die Freiheit zu geben, so zu sein, wie er ist und ihn wirklich zu akzeptieren mit all seinen Unzulänglichkeiten, Eigentümlichkeiten und Entwicklungsproblemen: Dies ist die Grundlage für eine echte Hilfe, die ihn zur Eigenständig-keit führen kann. Das ist nicht in zwei oder drei Jahren ge-schafft, es ist ein jahrelanger Entwicklungsprozeß, in dem es darum geht, die Haltung zu finden, durch die eine Entwik-kung für beide möglich wird. In diesen Jahren geht der Mensch durch einen Zustand, der in Märchenbildern zu fin-den ist als «Das Land vom Hunger und Durst», «Das Land des Knochenmannes» oder «Das Land des Körpers ohne Seele».

In die polare Phase zurückzufallen, ist neben der Flucht vor der Konfrontation mit sich selbst und dem Leben die große Gefahr, welche vermieden werden muß. In dieser Phase wollen die Menschen oft wieder jung sein und etwas Neues erleben. Das kann sich in der Kleidung äußern: Die Frau kleidet sich jugendlicher, der Mann trägt Kleidung, die seinem Sohn gut stehen würden, und beide müssen aufpassen, daß sie nicht wie «Sweet Seventeen» werden. Dies kann sich auch im Aufreten zeigen: übertrieben Sport treiben oder mit Jüngeren flirten, wobei einige Männer mit zu teuren oder zu schönen Autos beeindrucken wollen, wie Jugendliche das mit ihren Mofas tun. Auch dieses kann, wenn es ungenügend erkannt oder realtiviert wird, der Anlaß für Spannungen oder Konflikte sein, worunter Kinder und Partner zu leiden haben. Jeder Mensch in diesem Alter kann solche Neigungen bei sich selber wahrnehmen. Es ist manchmal gut, dem nachzugeben, vorausgesetzt, daß man sich dessen, was los ist, bewußt bleibt und damit relativierend und mit Humor umzugehen weiß. Um gewisse Erfahrungen aus einer jugendlicheren Phase neu zu erleben, ist zu erwägen, ob z. B. die Frau die «Freundin» ihres Mannes spielen könnte und er den «Amant», den «Freund» seiner Frau. In dieser Phase kann eine zweite Hochzeitsreise harmonisierend wirken. Es ist die Aufgabe, innerlich nicht zurückzufallen in das, was in die polare Phase gehört.

Über die Erneuerung der Aufgabe, die Verheiratete füreinander und für ihre Familie auf sich genommen haben, wurde das Nötige bereits gesagt. Was den Umgang mit den Kindern und mit jungen Menschen im allgemeinen betrifft, geht es darum, dem nachzukommen, wonach ein echtes Bedürfnis besteht.

In dem Maße, wie der Mensch an den genannten Aufgaben arbeitet, entwickelt er die Kraft, um die Gefahren, die Rückschläge, die Krisen, die zu dieser Phase gehören, zu überwinden. Diese Kraft kann ihm auch helfen, Ereignisse, die zu seinem persönlichen Schicksal gehören, wie Krankheit, Verlust eines geliebten Menschen, Mißgeschicke bei der Arbeit, Alleinsein usw. als Quellen der Erfahrung in sein Leben zu integrieren.

Eine besondere Problematik, die in dieser Phase oder sogar schon in der vorhergehenden massenhaft erscheint, ist das Auftreten von unverarbeitetem Kummer der Kinderjahre, des Jugendtraumas. Es wurde in der Einleitung dieses Teiles schon angedeutet. Was ist der Hintergrund dieses Kummers?

Diese Menschen haben evtl. in den Kinderjahren durch den Wohlstand äußerlich sehr viel bekommen, jedoch durch den Abbruch des Familienlebens oder durch ungeeignete Erziehungsmethoden standen sie innerlich in der Kälte. Sie wurden als Kind verwöhnt, wodurch sei verwahrlosten, und durchlitten Gefühle der Einsamkeit und Verlassenheit. Dieser Kummer kommt zurück, wenn die Erinnerung daran nach einigen – manchmal guten – Jahren wieder in den 30er oder 40er Jahren heraufkommt. Welchen Sinn könnte diese Erscheinung im Leben dieser Menschen haben?

Sie könnte die Aufgabe beinhalten, durch Verarbeitung dieses Kummers Kräfte frei zu machen, die das Selbstbewußtsein stärken und Lebensmut schenken. Was man in der Jugend nicht lernte, weil kein Vorbild da war, muß später aus dem Ich heraus erarbeitet werden. Das ist schwierig, hat aber einen Sinn. Das Wissen kann so zur Erfahrung werden. Menschen, die sich die Zeit gönnen, ihren Kummer zu durchleben, können innerlich stark werden und so auch für die kommenden Generationen des 21. Jahrhunderts ein Vorbild sein.

Zum Schluß noch zwei Bemerkungen zur Suche nach dem neuen Verhältnis zu Vergangenheit und Zukunft, zu dem sich der Mensch in dieser Phase hingedrängt fühlt.

Wer als Vierzigjähriger in die Vergangenheit zurückblickt, auf das, was man so getan hat, kann viele Fehler sehen: den Mitmenschen, Kindern, Partnern, Freunden oder Freundinnen gegenüber oder auch in der Berufswahl usw. Man kann Reue empfinden und entmutigt werden. Das hat eigentlich keinen Sinn! Es ist keine Kunst, oben auf dem

Berge angekommen und hinunterschauend zu erfahren, daß
es einen einfacheren Weg gegeben hätte. Erstens konnte man
diesen einfacheren Weg von unten nicht sehen, und zweitens
hätte man auf diesem Weg nicht die Erfahrungen gemacht,
die man jetzt hat, die ja die Folgen des überwundenen Wi-
derstandes sind. Was man tun kann: die Reue zu verwandeln
in den Willen, dieselben Fehler in der folgenden Phase nicht
noch einmal zu machen.

Wie kann man eine sinnvolle Haltung der Zukunft gegenüber finden? Genauso wie der Emigrant hat der Mensch bis
dahin mit dem gelebt, was ihm aus der vorgeburtlichen geistigen Welt und aus der Erziehung mitgegeben wurde. Dies
war die Quelle, aus der er schöpfte, zusammen mit seiner eigenen Kraft. Diese Quelle ist nun versiegt. Der Mensch handelt richtig, jetzt seine Aufmerksamkeit auf die zukünftige
geistige Welt – natürlich dieselbe wie die vorgeburtliche – zu
richten. Er muß sich halb um seine Achse drehen und sich
auf die Welt ausrichten, wohin er zurückkehrt, wenn seine
Seele durch die Pforte des Todes geht. Sich mit der geistigen
Welt zu verbinden (*religio* heißt Verbindung), wird jetzt eine
dringende Notwendigkeit, besonders wenn man das bis jetzt
unterlassen hat. Mit dieser Einstellung und Zielstrebigkeit ist
man besser ausgerüstet, um in die folgenden Phasen zu gehen.

Vom 49. bis zum 56. Jahr

Es gibt eine Volksweisheit, die sagt, wenn jemand 50 Jahre
alt geworden ist, habe er «Abraham gesehen». Wohlwol-
lende und eifrige Familienangehörige, Freunde oder Nach-

barn wecken das «Opfer» um 12 Uhr nachts oder bringen ihm oder ihr am nächsten Tag einen «Abraham», eine Art Rosinenbrot in der Form des Erzvaters. In alten Zeiten durfte jemand, der «Abraham gesehen» hatte, den Namen Abraham an seinen eigenen hinzufügen. Was bedeutet ein solcher Brauch? Wer war Abraham eigentlich?

Über Abraham wird im Alten Testament gesprochen als einem Führer eines großen Volkes in der damaligen Zeit. Auf einer seiner Reisen begegnete er Melchisedek, dem König von Salem, der Brot und Wein darreichte. Er war ein Priester des allerhöchsten Gottes. Er segnete Abraham. Und Abraham gab ihm ein Zehntel seines Besitzes. (Genesis 14,18–20). So, wie Emil Bock es beschreibt, geht es hier um eine Einweihung Abrahams in die Weisheit der Sonnenmysterien.[30] Zu einem späteren Zeitpunkt in seinem Leben wird Abram (inzwischen Abraham, «ein Vater vieler Völker», genannt) wiederum von Gott für würdig befunden, eine Einweihung durchzumachen. Dies wird im Bilde des Opfers des eigenen Sohnes ausgedrückt, zu dem Abraham bereit war. Was bedeutete das in der Zeit, ungefähr 2000 Jahre v. Chr.? Der Mensch war damals noch keine Individualität, noch kein Ich-Wesen in dem Sinne, wie er es jetzt ist. Er hatte auch noch keine persönliche «Biographie». Der Stamm (oder die Familie) hatte eine Lebensgeschichte, die in den Stammeshäuptern fortlebte und wovon der Mensch nur ein Bestandteil war. Die «Persönlichkeit» des Stammes ging vom Stammeshaupt auf dessen ältesten Sohn über. Diesen Sohn zu opfern, hieß in dieser Zeit, das zu opfern, was damals das «eigene Selbst, das Eigene» war. Mit anderen Worten: Abraham war bereit, das Eigene seines Volkes zu opfern. Im Laufe der Zeit sah man einen Menschen, der 50 Jahre alt geworden war, als jemanden an, der Abraham gesehen hatte, das heißt, daß er zu Weisheit und Opferbereitschaft gelangt war.

Die Opferbereitschaft ist die Haltung, mit der der Mensch sich in der Phase von 49 bis 56 Jahren vertraut machen muß. Nun werden viele Leser, vor allem Ehefrauen und Mütter, bemerken, daß sie ihr ganzes Leben schon geopfert haben. Das ist auch so. Im besonderen bei der Betreuung behinderter Kinder müssen von den Eltern viele Opfer gebracht werden. Aber auch in jedem anderen Arbeits- oder Gesellschaftsverband muß das Nötige geopfert werden, für einen Partner, wegen der Art der Arbeit oder wegen einer Behinderung. Das sind persönliche Opfer, die man auf sich nimmt und die kurz oder lange dauern können, die jedoch meistens ein Ende haben.

Worum es sich in der Phase von 49 bis 56 Jahren handelt, ist jedoch eine andere Art Opfer, es hat zu tun mit unserer neuen inneren Haltung: *Loslassen aus Einsicht.* Was der Mensch jetzt lernen kann, ist, zurückzutreten und zu schenken. Ein paar Beispiele mögen dies verdeutlichen.

Wenn man jung ist und sich entschließt, das Leben mit einem anderen zu teilen, dann kennt man die beiderseitigen Schwächen einigermaßen. Man ist noch optimitsisch und erwartet, daß der andere diese Schwächen überwinden wird oder daß man es selbst schafft, den anderen zu ändern. Jedoch nach einiger Zeit, zwischen 40 und 50, entdeckt man, daß dies nicht erfolgt ist. Man begegnet dann dem Doppelgänger des anderen, so wie schon besprochen wurde. Wenn man nun zusammen weiterleben will, muß das ursprüngliche Idealbild geopfert werden, und der andere muß so genommen werden, wie er ist, sonst käme man kaum weiter, und die Beziehung würde in einer Stimmung von Enttäuschung und Vorwürfen enden. Solche Menschen leben sich auseinander, oder sie brechen ihre Beziehung ab.

Ein anderes Beispiel: Wenn man schulpflichtige Kinder hat, kann man Zukunftsgedanken über deren Beruf oder Stellung haben. Manche Eltern entwickeln darüber zwanghafte Vorstellungen. Wer jedoch mit seinen erwachsenen Kindern einen guten Kontakt behalten will, wird das alte Ideal opfern und lernen müssen, an dem, was der Sohn, die Tochter oder der Schüler geworden ist, seine Freude und seinen Frieden zu haben.

Ich erinnere mich an verschiedene Menschen, die ihr ganzes Leben lang mit Kummer ihren Beruf ausübten, weil sie sich durch ihre Eltern dazu verpflichtet fühlten, die das genannte Opfer nicht gebracht hatten. Andere, die doch ihren eigenen Weg gegangen waren, bekamen ihr ganzes Leben von den Eltern Vorwürfe zu hören.

Zum Glück kenne ich auch Söhne aus dem akademischen Milieu, die Bauer werden konnten, weil ihre Eltern davon ausgingen, daß jeder seinen eigenen Weg wählen muß.

Ein anderes Beispiel bezieht sich auf das eigene Lebens- oder Berufsideal. Wenn man jung ist, hat man bestimmte Ideale, das betreffend, was man im Leben werden oder erreichen will. Wenn man so um die 50 ist, wird man sich besinnen müssen, wo man steht: Bin ich dort, wo ich hin wollte, oder habe ich das nicht erreicht, oder bin ich vielleicht weitergekommen, als ich mir vorgestellt habe? Wie sehr die Wirklichkeit auch vom ursprünglichen Ideal abweicht, man muß von dem ausgehen, was man jetzt ist, das ist ja die Realität. Ein gesundes, harmonisches Leben kann nur von der Realität, von der Wirklichkeit ausgehen. Das kann heißen, daß das alte Ideal geopfert werden muß.

Es gibt noch andere Möglichkeiten, etwas abzutreten. Kinder, jüngere Mitarbeiter oder Freunde können die Eltern darauf aufmerksam machen, daß gewisse Gewohnheiten und Auffassungen keine Bedeutung mehr haben. Zum Beispiel, daß die Kleidung nicht mehr zum Alter paßt. Man könnte dann erwägen, sich dies zu Herzen zu nehmen und sich sinnvoll anzupassen – mit anderen Worten: die alten Gewohnheiten zu opfern. Eltern oder andere ältere Menschen können sich vornehmen, Aufgaben von stark beanspruchten jungen Menschen für kurze Zeit zu übernehmen, so daß diese sich entspannen können: auf die kleinen Kinder aufpassen, die eigenen Ferien in eine andere Jahreszeit legen, sich selbst etwas zu versagen, um etwas für einen Jüngeren zu tun. Auch das ist ein Opfer. Jemand in einer führenden Funktion kann erwägen, einen jüngeren Mitarbeiter auf einen Kongreß, zu einem Vortrag, Symposium oder Kurs gehen zu lassen, obschon er das selbst gerne tun würde.

Schließlich gibt es noch eine andere Art von Opfer, das der Mensch bringen muß. Älterwerden bringt kleinere und größere Beschwerden mit sich. Diese können gewisse Aktivitäten verhindern. Auch hier wird der Mensch opfern müssen. Er muß akzeptieren, daß z. B. seine physischen Möglichkeiten gegenüber früher stark reduziert sind.

Jedoch aus dem Opfer, aus der Opferbereitschaft, aus der Hinnahme entsteht eine moralische Kraft, die sich äußern kann in Mut, Selbstvertrauen und dem Vermögen, relativieren zu können.

Wie schon am Anfang dieses Kapitels über die Periode vom 42. bis 63. Jahr gesagt wurde, gibt es unter den verschiedenen Phasen Polaritäten oder Spiegelungen. Der Gegenpol zur Phase vom 49. bis 56. Lebensjahr ist die vom 7. bis 14. Jahr. Dann hat das Kind das Bedürfnis nach einer Autorität. Die Haltung des Menschen zwischen dem 49. und 56. Jahr kann ihn zur Autorität für junge Menschen machen. Aus dem erreichten Mut, der Weisheit und der Übersicht müßte er es wagen, die Rolle der Autorität zu erfüllen. Dies gilt sowohl für den Mann als auch für die Frau. Beide können sich zum Beispiel in ihrer Arbeit oder im Vereinsleben zu den Menschen entwickeln, die die großen Linien mitbestimmen. Sie sollten sich dann vorzugsweise nicht mehr mit den Einzelheiten beschäftigen oder etwas ausarbeiten, sondern das den Jüngeren überlassen.

Es besteht jedoch die Gefahr, daß der Ältere die richtige Haltung nicht finden kann und in die polar entgegengesetzte Phase zurückfällt. Aus Unsicherheit wird er dann tyrannisch oder nörgelig, so wie kleine Kinder es sein können. Der Mensch hindert sich dann selber daran, konstruktiv im Arbeitsprozeß oder im Vereinsleben mitzudenken. Er möchte seinen eigenen Willen durchsetzen. Daraus entstehen auch Generationskonflikte. Es besteht die Gefahr, daß solche Menschen entweder etwas zerstören, weil sie, anstatt Autorität zu entwickeln, autoritär werden und Macht suchen oder sich enttäuscht und krank oder invalide zurückziehen müssen.

Einige fallen in dieser Phase noch tiefer in ihre hypochondrische Verhaltensweise, mit zu großer Aufmerksamkeit auf ihre physischen Beschwerden. Eng damit verknüpft ist die Gefahr der Verbitterung und Depressivität. Andere fliehen in übermäßiges Essen, in den Alkoholkonsum oder werden fernseh- oder videosüchtig.

Gerade jetzt, da wir in dieser Lebensphase angelangt sind, ist es angebracht, eine besondere Aufmerksamkeit dem Lebenslauf der Frau zu schenken. Wie wir schon sahen, reift um das 40. Jahr herum die Bewußtseinsseele. Das heißt, daß für den Menschen hinsichtlich Religion, Menschen- und Weltbetrachtung, Liebhabereien und sozialer Kontakte neue Gesichtspunkte hinzukommen und alte Standpunkte überprüft und angepaßt werden sollten. Um das 50. Jahr herum müßte dann das Abrahamopfer gebracht werden. Jedoch gerade bezüglich vieler Frauen, von denen in den vorigen Phasen – wie allgemein üblich – große Selbstaufopferung verlangt wurde, möchte ich hier hinzufügen: Es wäre gut, wenn die Opfer in dieser Lebensphase eher durch die Umgebung der Frau gebracht würden. Anders gesagt: Laßt es vor allem ein Abraham-Opfer sein, nicht ein Sarah-Opfer!

Aus vielen Gesprächen und Wahrnehmungen entstand in mir das Bild der Möglichkeiten, die die Frau gerade dann entwickeln kann. Schon früher in ihrem Lebenslauf wurde sie vor die mehr oder weniger freie Wahl gestellt, die Rolle der Hausfrau und Mutter auf der einen Seite und die der arbeitenden Frau auf der anderen Seite zu erfüllen. Gewiß haben viele Frauen dabei die wunderlichen Wege des Schicksals erleben dürfen. Dieses steuert das Leben der einen so, daß sie arbeiten geht, während sie lieber geheiratet und Kinder erzogen hätte. Eine andere hat sich eine Berufslaufbahn vorgestellt, begegnet jedoch einem Manne, wodurch sie Hausfrau und Mutter wird. Es gibt auch Frauen, die beide Möglichkeiten kombiniert haben, manchmal gezwungenermaßen, manchmal dadurch, daß ihr Ehepartner mitmachen konnte und wollte.

Wie dem auch sei, wenn die Frau diese Aufgaben erfüllt hat und sie zwischen 40 und 50 Jahren oder etwas älter ist, dann zeigen sich ihr neue Möglichkeiten, die sie zu erkennen versuchen soll. Dies gilt sowohl für den Mann als auch für die Frau, aber besonders die Frau muß jetzt einsehen, daß sie ihre Rolle ändern könnte Sie kann natürlich die liebe graue Großmutter werden, die vielleicht auch noch einigermaßen Bescheid weiß, was in der Welt geschieht. Nur besteht dann die Gefahr, daß sie in der alten Rolle steckenbleibt, die der Entwicklung im Wege steht. Neben der Aufgabe, Großmutter zu sein, wäre es vielleicht wünschenswert und eine Kunst, wenn die Frau ihre Erfahrungen, Einsichten, Tatkraft und Weisheit in den Dienst desjenigen stellen würde, was wir den menschlichen Fortschritt nennen könnten.

Hierbei kann eine Metamorphose des «Urzweiges», der archetypischen Aufgabe der Frau stattfinden. Diesen «Urzweig» könnte man wie folgt umschreiben: Zeugen, Tragen, Betreuen und Beschützen allen Lebens und das Ausüben eines läuternden Einflusses auf das, was durch den Mann getan und gedacht wurde. Denn es war in der Urzeit die Frau, die die Verbindung hütete zwischen den Menschen und der sich in die Nebel zurückziehenden geistigen Welt: die weise Frau im Stamm, die Sibylle, die Pythia usw. Es ist zudem die Frau, das heißt der weibliche Entwicklungspol der Menschenseele, die als erste die wahre Aufgabe des Christus entdeckt: Maria Magdalena, die, indem sie die Füße des Christus salbt, zeigt, daß sie sein wahres Wesen erkannt hat (Joh. 12,1–4).

Es könnte die Aufgabe der Frau in der heutigen Zeit sein, diese Uraufgabe in einer neuen Gestalt zum Leben zu erwecken und in die Gemeinschaft hinauszutragen. Man könnte an den Schutz von Lebensmitteln denken, die ohne Giftstoffe produziert werden sollen, an Medikamente, die von einem ganzheitlichen Menschenbild ausgehen, das den Menschen als einen lebendigen Organismus darstellt und nicht als Maschine, bei der das Risiko schwerwiegender Nebenwirkungen hingenommen wird. Zudem braucht es auch den Einsatz für das – natürliche und soziale – Milieu, in dem Kinder und Jugendliche leben und aufwachsen. Die Frau kann sich Organisationen anschließen, die über solche Angelegenheiten wachen oder die sich für Menschen in Not einsetzen. Sie kann in dieser Altersphase ihr im Haushalt erworbenes Geschick für alle Fragen der Organisation im sozialen oder wirtschaftlichen Bereich einbringen.

Es kann schwierig werden, wenn der Lebenspartner diese Veränderung nicht versteht oder akzeptiert und sich weigert, daran mitzuarbeiten. Es ist ein Privileg, wenn man gemeinsam nach dem 40. Jahr zu einer Erneuerung kommt und die Aufgaben um Haus und Familie anders gestaltet. Wenn das nicht auf Anhieb gelingt, braucht man den Mut nicht gleich aufzugeben. Man muß darüber sprechen und dem anderen mit Geduld versuchen zu helfen, ebenfalls diesen Schritt zu wagen. Es kann die Aufgabe einer Ehe sein, gerade diesen Kampf durchzustehen als Bestandteil der eigenen Entwicklung. Mit anderen Worten: Es kann der Sinn des Zusammenlebens sein, einander zu helfen, am persönlichen Schicksal, an der persönlichen Aufgabe zu arbeiten. Auch dabei muß man manchmal opfern im Sinne des «Loslassens aus Einsicht». Nur seinem eigenen Willen zu folgen und sich scheiden zu lassen, hinterläßt nicht nur eine Ruine, sondern könnte letztlich auch eine ungenutzte Chance sein. Ich durfte Ehepaare erleben, die dies erkannten und den Kampf aushielten, um einander durch diese Phase hindurch zu helfen, so daß nach vier oder fünf Jahren der andere sich auch zu entwickeln begann; das eine Mal war es der Mann, das andere Mal die Frau, die nicht aufgab, dem anderen zu helfen. Wenn man das Problem zu zweit nicht lösen kann, ist es weise, Hilfe zu holen.

Der Kern dieses Prozesses ist das «Abrahamopfer», das Loslassen aus Einsicht, das heißt, daß das Mögliche gegen das nicht (mehr) Mögliche oder noch nicht Mögliche abgewogen werden muß. Das geht nicht ohne Kummer. Objektivität und relativierender Humor sind nötig, um zu lernen, mit der Problematik umzugehen. Manchmal bedeutet es, daß etwas losgelassen werden muß, das vor kurzem noch sinnvoll war, jetzt jedoch behindernd wirken kann. Doch der Prozeß bewirkt auch die Möglichkeit, zum wahren Wesen des anderen durchzudringen, sobald die äußeren Merkmale, die das verhindern könnten, aus dem Weg geräumt sind. Es kann bedeuten, daß man wiederum, jetzt aber deutlicher, denjenigen erkennt, mit dem man am Anfang begonnen hat. In der Märchensprache: Man hilft dem anderen, seine «Bärenhaut», sein «Eselsfell», seinen «Wolfspelz» abzuziehen oder den «Frosch» in den «Prinzen» zu verwandeln.

Auf der anderen Seite sehen wir Frauen, die schon ab ihrem 18. Jahr im Berufsleben standen und es vielleicht sogar zu einer verantwortungsvollen Stellung gebracht haben. Unter ihnen gibt es diejenigen, die gerade jetzt das Bedürfnis haben, sich mit mehr häuslichen Aktivitäten zu beschäftigen. In Gesprächen mit diesen Frauen stellte sich heraus, daß ihre depressiven Gefühle auf verfehlte Chancen zurückzuführen waren. Während der Gespräche entstand der Mut, etwas zu tun, von dem man anfangs meinte, man sei zu alt oder zu ungeschickt dafür. Eine Geschäftsfrau hatte mit ihrem Mann abgemacht, sich langsam aus dem Geschäft zurückzuziehen und sich danach den drei Töchtern zu widmen. Eine weibliche Beamtin trat in den verfrühten Ruhestand, um sich den Pflanzen, dem Nähen und den Freundinnen zu widmen. Eine andere begegnete nach ihrem 53. Jahr einem Mann und fing das Leben als Hausfrau, Mutter und Großmutter für die Kinder und Enkelkinder ihres Mannes an. Andere wieder mußten ihre Arbeit aus gesundheitlichen Gründen niederlegen, bekamen aber dadurch die Gelegenheit, sich anderen Menschen und Aktivitäten zuzuwenden. Auch solche Veränderungen können im Leben der Frau Erneuerungen sein.

Die Frau sollte sich jedoch davor hüten, zurückzufallen in die Rolle des «Muttertieres», das sich heftig und manchmal mit physischer Selbstaufopferung gegen drohende Einflüsse wehrt. Ihre große Kraft liegt wahrscheinlich auf dem Gebiet der schon erwähnten metamorphosierten Aufgabe. So kann die Frau durch ihren friedlichen, aktiven, organisierenden Beitrag im sozialen Leben einen deutlich lenkenden Einfuß haben, gegründet auf moralischem Bewußtsein und Verantwortungsgefühl.

Vom 56. bis zum 63. Jahr

Jede Lebensphase schenkt uns wieder neue Entwicklungsmöglichkeiten. Was wir aus diesen machen, ist gewiß auch davon abhängig, wie wir die vorigen Phasen durchgemacht haben. Wenn es auch schwierig und auf die Dauer fast nicht mehr möglich zu sein scheint, eine «verfehlte» Lebensphase nachzuholen, können wir immer wieder einen neuen Anfang machen.

Es wurde schon darauf hingewiesen, daß der menschliche Lebenslauf mit seinen Phasen als Bild in einem Spiel erkannt werden kann, das schon in der Antike bekannt war: dem Staffellauf. Der Läufer findet am Ende der Bahn, wo er erschöpft ankommt, einen anderen Läufer, ausgeruht und voller Energie, dem er die Fackel oder den Stock übergeben kann. So kann der Mensch am Anfang jeder Phase wieder innere Kraft finden, vorausgesetzt, daß er sich für die nächste Phase öffnet, sich sowohl dessen bewußt wird, was vorbei ist und losgelassen werden muß, als auch dessen, womit er jetzt neu anfangen könnte.

Was kann der Mensch in dieser Phase tun, um sich weiterzuentwickeln? Wie schon erwähnt wurde, sollte der Mensch, der die 50 überschritten hat, eine altruistischere, schenkende Haltung finden. Wenn er sich darin übt, kann er allmählich in der Phase von 56 bis 63 Jahren Eigenschaften entwickeln, die notwendig sind, um die folgenden Jahre auch sinnvoll leben zu können. Diese Eigenschaften sind: *Selbstlosigkeit* und *Selbstbeherrschung*. Ohne diese wird der Mensch schwer eine innere Freiheit erreichen, die erforderlich ist, um mit dem Alter umgehen zu können.

Zu den Problemen, mit denen es der Mensch jetzt zu tun bekommt, gehören körperliche Beschwerden, Schuldgefühle und Angst vor dem Sterben und dem Tod. Gewiß können diese schon früher da sein, aber sie können jetzt noch sichtbarer werden.

Das Alter kommt mit Gebrechen. Der Körper wird weniger flexibel, gewisse Funktionen stocken, das Äußere verändert sich, die Bewegungsmöglichkeiten schränken sich ein. Dies ist jedoch nur eine Seite. Auf der anderen Seite kann jemand, der im Leben wach geblieben ist, erleben, daß die Flexibilität in geistiger Hinsicht zugenommen hat. Man hat dann das Gefühl, oben auf dem Berg, auf dem Gipfel angekommen zu sein und dort eine großartige Aussicht zu erleben. Dies kann man eventuell auch an andere weitergeben.

Solch eine Haltung ist auch dem Sterben und dem Tod gegenüber nötig. Es kann eine weitere Vertiefung stattfinden, die Welt betreffend, wo die Seele sich hinbegibt, wenn sie durch die Pforte des Todes geht. Über das «Land», wohin man geht, zu lesen und nachzudenken, könnte die Reise und die Grenzüberschreitung schon vertrauter machen.

Ebenso hilfreich könnte es sein, aus dieser Einsicht heraus Dinge aus seinem Besitz zu verschenken. So entwickelt man einen gewissen Grad von Selbstlosigkeit und Uneigennützigkeit: Man übt sich, einem anderen etwas zu gönnen.

Diese Einsicht hilft auch, Selbstbeherrschung aufzubringen: zum Beispiel in gewissen Situationen nicht einzugreifen, sondern dies anderen zu überlassen, auch wenn nicht die Lösung bevorzugt wird, die man selbst gewählt hätte. Man sollte sich dann darüber bewußt werden, daß man nicht selbst, sondern die Jüngeren damit in Zukunft leben müssen.

Dies kann auch eine Hilfe sein, um von gewissen Genüssen – von denen man weiß, daß sie zu nichts führen oder sogar schädlich sind – loszukommen. Es geht hierbei um das Handeln aus Einsicht, nicht aus Mangel an Interesse oder aus Gleichgültigkeit. Ebensowenig geht es um Kasteiung. Durch eine gewisse Loslösung von materiellen und immateriellen Gütern kann ein Bewußtsein innerer Freiheit entstehen.

Diese Phase ist mit der ersten Lebensphase des kleinen Kindes polar verbunden. Der Mensch kann also wie ein Großvater oder eine Großmutter sein, der bzw. die Ruhe, Wärme und Geborgenheit schenkt. Der ältere Mensch kann, aus seiner Erfahrung heraus handelnd, für den jüngeren ein Beispiel sein, wenn er ein offenes Auge für die Aktualitäten behält, sie nach ihrem inneren Gehalt prüft und seine daraus gewonnenen Einsichten weitergibt.

Dem gegenüber besteht die Gefahr, daß der Mensch in die polare Phase zurückfällt und sich wie ein kleines Kind benimmt: stark eingestellt auf das Physische, zu sehr an Ernährung und Stuhlgang interessiert, in allem seinen Willen durchsetzend und egozentrisch. Dann kann das Alter etwas Tragisches bekommen und aussichtslos werden.

Zusammenfassung der Seelenentwicklung bis zum 63. Jahr

Wir haben gesehen, daß der Mensch in seinem Lebenslauf seine Seele allmählich entwickelt. Wir wollen nun noch einmal innehalten, im besonderen bei den drei Seelenfunktionen Wollen, Fühlen und Denken.

Diese drei Seelenfunktionen konnte der Mensch in ersten Ansätzen schon in den ersten drei Lebensphasen bis zum 21. Jahr entwickeln. Das Kleinkind hat einen starken Nachahmungswillen, das Schulkind der Unterstufe wird durch die Außenwelt angeregt und lebt mit ihr, der Jugendliche nach dem 12. Jahr fängt an, das zu verinnerlichen und darüber nachzudenken, was in der Welt geschieht.

Zwischen dem 21. und 42. Jahr findet der eigentliche «Ausbau» der Seele statt. Als erstes macht der Mensch zwischen dem 21. und 28. Jahr Erfahrungen. Zugleich läßt er sich stark durch seine Impulse leiten, bis sich am Ende dieser Phase dieser impulsive, feurige Aspekt im Menschen unter Kontrolle befindet und jetzt als Willenskraft durch das denkende Ich gelenkt werden kann. Rudolf Steiner nennt dies die Entwicklung der *Empfindungsseele*.[31] Zwischen dem 28. und 35. Jahr sollte der Mensch zum Ordnen und Nachdenken kommen. Seine Erfahrungen können hierdurch in Gemütskräfte und geistige Einsichten verwandelt werden. Der Mensch entwickelt so den Teil seiner Seele, der die *Verstandes- oder Gemütsseele* genannt wird. Zwischen dem 35. und 42. Jahr kann der Mensch dann denkend zu dem Bewußtsein dessen kommen, was er bisher getan hat und was er künftig noch tun könnte. Rudolf Steiner spricht von der Entwicklung der *Bewußtseinsseele*. Lievegoed deutet in seinen Büchern *Der Lebenslauf des Menschen* und *Der Mensch an der Schwelle* darauf hin, wie wichtig gerade diese Phase für den heutigen Menschen ist.[32]

Zwischen dem 42. und 63. Jahr unterliegen diese Seelenfunktionen einer weiteren Entwicklung und können sich weiter entfalten. Der Vierzigjährige kann beim Schaffen von etwas Neuem über große Tatkraft verfügen. Er kann ja jetzt seine Willenskraft mit dem Verstand und dem Bewußtsein für seine Umwelt leiten. Das gibt ihm die Möglichkeit, der Welt und seinem Schicksal als mutiger und handelnder Mensch zu begegnen.

Der Fünfzigjährige kann durch die erworbene Einsicht – wie der griechische Hauptgott Zeus oder mehr noch wie der römische Jupiter – mit Verstandes- und Gemütskraft, beides beseelte Erfahrung, die großen Linien angeben. Der Mensch sollte dann aufhören, sich mit Einzelheiten zu beschäftigen; durch seinen Überblick kann er sich den größeren Perspektiven widmen. Er entwickelt noch einmal die Gemüts- und Verstandesseele, jetzt aber auf einer höheren Ebene.

Um das 60. Jahr herum kann der Mensch rückblickend sein Bewußtsein des Lebens und der Welt weiterentwickeln und zu tieferen Einsichten kommen. Er kann ein intuitives Bewußtsein für das, was in der Zukunft geschehen soll und notwendig ist, erlangen.

Die Entwicklung in den letzten Lebensphasen kann stark durch Geschehnisse der ersten beeinflußt werden. Ganz allgemein wird auf diesem Gebiet dem Phänomen «Gewalt» noch immer zu wenig Aufmerksamkeit geschenkt. Während über die Folgen der Gewalttaten in Hitlers Konzentrationslagern zum Beispiel viel geschrieben wurde, scheint man an den Folgen der Konzentrationslager der Japaner (Jappenlager; der Übers.) viel weniger Interesse zu haben. Was Kinder dort erlebt haben, kommt jetzt in der Sprechstunde oder in therapeutischen Gesprächen bei Menschen zum Ausdruck, die fünfzig Jahre oder älter sind. Was solche lebensbedrohenden und unmenschlichen Erfahrungen für Folgen zeitigen, wissen diese Menschen und die Hilfeleistenden nur zu gut. (Während vieler Gespräche, die ich mit solchen Menschen führte, hörte man jedoch auch andere Stimmen, und einige suchten nach dem «Warum» ihrer Erfahrungen. Auf Grund dessen, was die dadurch schon innerlich durchgemacht und entwickelt hatten, könnte man sich mit großer Vorsicht die Frage stellen, ob daraus Kräfte für die Zukunft entwickelt wurden, die mit den Begriffen «Mut» und «Mitleid» angedeutet werden können.)

Etwas mehr Aufmerksamkeit erhalten andere Gewalttaten in der Jugend, so wie Kindesmißhandlung, Vergewaltigung oder grundloses Zusammengeschlagenwerden von Altersgenossen. Ebenso schwerwiegende Auswirkungen für Erwachsene haben die Folgen von Terrorismus, Entführung, Geiselnahme. Der Psychiater J. Bastiaans hat dafür die nationale und internationale Aufmerksamkeit gefordert, aber er ist ein Rufender in der Wüste.[33]

Es sieht allmählich so aus, als ob die Menschen diese Gewalttaten mit einer gewissen Lauheit aufnehmen, als ob sie zum Leben gehörten. Das kann insbesondere für junge Menschen, die in dieser Zeit solche Erfahrungen machen, eine große Gefahr sein. Denn diese Gewalttaten können der Entwicklung der Seele schaden mit allen weiteren Folgen für das spätere Leben. Wach bleiben, Jugendlichen ein Vorbild geben, Anteilnahme haben und Interesse wecken für Positives und Wahres, so daß sie innerlich aktiv werden, das sind die Aufgaben der Erwachsenen. Auf diese Art kann bei der Jugend die Eigenschaft geweckt werden, unterscheiden und erkennen zu können, was wirklich und was wahr ist.

Märchen zu dieser Phase

So kann der Mensch, wie wir sahen, in der Periode nach dem 42. Jahr, seine geistige Entwicklung im eigentlichen Sinne in die Hand nehmen. Nicht selten wird der Anlaß dazu durch Krankheit oder eine Krise gegeben. Ohne Rückschläge gibt es keine Entwicklung. Man bedenke, daß es ohne den Widerstand des Sandkorns in der Muschel keine Perle gibt! So erfordert es große Anstrengung, die Finsternis um das 40. Jahr herum zu überwinden und wieder zum Licht zu gelangen. Es wurde schon darauf hingewiesen, daß der eine hier aufgibt, der andere gerade weitergehen will. Es erwarten den Menschen, der weitergehen will, noch neue Entwicklungsmöglichkeiten, noch eine neue Verhandlung des Wollens, Fühlens und Denkens, so wie es im vorhergehenden schon beschrieben wurde.

Was kann man nun in der bildlichen Sprache der Märchen finden, was dem Menschen in diesen Phasen weiterhelfen kann? Es gibt Märchen, wo neben Kupfer, Silber und Gold auch ein *Brunnen* erwähnt wird. Oft spielt die Prinzessin keine Rolle mehr – sie ist ja aus der Verzauberung befreit, mit anderen Worten: Die Seele wurde gefunden und entwickelt –, sondern die *Königin* muß als Bild der Weisheit, der Sophia entdeckt und erlöst werden. Ein anderes Bild neben dem Brunnen und der Königin ist das *Platin*, das fünfte Metall neben Eisen, Kupfer, Silber und Gold. Manchmal spricht das Märchen anstelle von Platin von Diamanten.

Der Brunnen wird in den Märchen *Der Froschkönig* (Grimm) und *Die Prinzessin im verdunkelten Palast* (es findet sich am Ende des Buches) und besonders in *Frau Holle* erwähnt. Es ist das Bild für die Erneuerung. Aus dem Brunnen kann die Seele Kraft und Einsicht für den Fortgang ihres Entwicklungsweges schöpfen. Es ist auch das Bild der Läuterung und Reinigung.

Das erwähnte Märchen *Der Froschkönig* (oder *Der goldene Ball,* wie es auch genannt wird) zeigt auf besondere Art, was sich in der menschlichen Seele zwischen dem 42. und 49. Jahr abspielen will. Die Bewußtseinsseele, die auf ihre Geburt wartet, finden wir in diesem Märchen wieder in dem Bilde des goldenen Balles, der in den Brunnen rollt. Die menschliche Seele (die Prinzessin) ist in diesem Augenblick nicht in der Lage, den Ball aus dem Brunnen zu holen. Dazu braucht sie die Hilfe eines anderen Teiles der Seele, in dem ihr höheres Wesen gefangen ist. Das ist das Bild des Frosches, in dem sich das «niedere» Triebleben des Menschen ausdrückt, das sich metamorphosieren will. Die Prinzessin verspricht dem Frosch, daß er, wenn er ihr den Ball aus dem Brunnen holt, von ihrem Tellerchen essen, aus ihrem Becherchen trinken und in ihrem Bettchen schlafen darf. So wird, wenn der Frosch den Ball herausholt, der Brunnen zur Quelle. Die Prinzessin hat jedoch ihre Mühe mit dem Gelübde, das heißt, die Seele muß kämpfen, um sich selbst zu überwinden. In der einen Version des Märchens wirft sie schließlich den Frosch wütend gegen die Wand, worauf der Prinz erscheint. In der anderen Version läßt sie den Frosch in ihrem Bett schlafen und setzt sich auf den Stuhl neben ihm, um dort zu schlafen. Am nächsten Morgen sieht sie beim Erwachen den Prinzen neben sich. In diesen beiden Fassungen der Schlußszene sind zwei Menschentypen zu erkennen, die, jeder auf seine eigene Weise, ihre Seelenentwicklung durchmachen.

Platin und Diamant sind die Bilder der höchsten geistigen Entwicklung. Sie werden mit dem Bilde des Kaisers in Zusammenhang gebracht, der über Könige regiert, weil er die höchste Weisheit besitzt. Sie stellen den Menschen dar, der durch Selbstlosigkeit und Selbstbeherrschung zu innerer Freiheit gelangt ist. Es ist das Bild des zukünftigen Menschen, bei dem nicht nur die Bewußtseinsseele geboren ist (der König), sondern bei dem das Ich das Niedere der Seele überwunden und verwandelt hat. Auf diese Art erzählen alte indische Geschichten von einem Fürsten, der sich völlig selbstlos für sein Volk opfert oder gewisse Prüfungen erduldet.

Hier kann man erfahren, wie Märchen mehrere Geheimnisse in sich tragen. Der Fürst repräsentiert das Ich seines Volkes, so, wie das in der Entwicklung der Menschheit bis vor ungefähr 3000 Jahren noch galt. (Es wurde schon in der Einleitung darauf hingewiesen.) Aber das Bild steht auch für die Gegenwart und die Zukunft. Der Fürst ist dann der geistige Teil des Menschen, der eine große Prüfung durchmacht.

Jugendlichen, die zu voreilig glauben, daß sie ihr Ziel schon erreicht hätten oder älteren Menschen, die den Mut verloren haben, obwohl es noch gute Möglichkeiten gäbe, erzählte ich manchmal das folgende Märchen.[34]

Johannes hatte seine beiden Eltern verloren und zog in die weite Welt. Nach einer Weile begegnete er einem alten Mann, der ihm den Vorschlag machte, ihn auf seiner Reise zu begleiten, was Johannes gerne annahm. Als sie auf ihrem Weg in einen Wald kamen, sah Johannes am Boden eine Vogelfeder liegen. Es war jedoch keine gewöhnliche Feder, sondern eine kupferne. Er wollte sie aufheben und sie auf seinen Hut stecken. Sein Begleiter jedoch sagte: «Tu es nicht, vielleicht findest du eine schönere.» Sie gingen weiter, kamen in eine Stadt und zogen am nächsten Morgen weiter. Nach langer Zeit gelangten sie wieder in einen großen Wald, und da sah Johannes eine silberne Feder liegen. Als er sie aufheben wollte, sprach sein Freund abermals: «Laß das, es gibt noch schönere!» Johannes jedoch wurde ungeduldig und antwortete: «Was du auch weiter sagen magst, die nächste nehme ich!» So zogen sie weiter, übernachteten in einer Stadt und setzten am nächsten Tag ihre Reise fort. Nach langer oder kurzer Zeit führte sie der Weg abermals durch einen großen Wald. Dort fand Johannes eine goldene Feder auf dem Pfad. Als er diese sah, hob er sie auf auf und steckte sie an seinen Hut, obwohl der Ratgeber ihn warnte, es gäbe noch eine kostbarere.

So kamen die beiden in die nächstliegende Stadt. Die Menschen dort sahen Johannes an, als ob sie ihren Augen nicht trauten und fingen an, zu jubeln. Ihr König war nämlich sehr alt, er hatte keinen Nachfolger, und es wurde gesagt: Wenn ein Jüngling mit einer goldenen Feder auf dem Hut komme, dann solle er der neue König werden. Johannes wurde nun auf die Schultern gehoben, zum Palast getragen und dort zum König gekrönt.

Am nächsten Tag kamen alle Menschen ehrerbietig zu ihm. Auch sein Führer kam an ihm vorbei und sagte, als er mit ihm sprechen konnte: «Wenn du beim erstenmal die kupferne Feder genommen hättest, wärest du in der in der Nähe gelegenen Stadt ein Graf geworden. Die silberne Feder hätte dich in der nächsten zum Herzog gemacht. Jetzt hast du dir die goldene Feder an den Hut gesteckt und bist zum König ausgerufen worden. Wenn du weitergegangen wärest, hättest du eine Platinfeder gefunden und wärest zum Kaiser gesalbt worden.» Danach zog der Ratgeber sich zurück.

Ein anderes Märchen, aus Rußland (Afanasjew), von dem auch skandinavische Variationen bekannt sind, gibt ein großartiges Bild der Seelenentwicklung. In Kurzform lautet es folgendermaßen:

In einem wunderschönen, freundlichen Land wird eine Königin von einem Zauberer, dem Westwind, entführt. Von den drei Prinzen, ihren Söhnen, gelingt es dem jüngsten durch seine menschliche und mutige Haltung, sie aus dem Schloß des Zauberers zu befreien.

Dazu bekommt er die Hilfe eines Falken, eines Raben und eines Adlers. Der letztere hilft ihm, in ein Land, das «oben» liegt, zu steigen. Er erhält dazu eiserne Kletterschuhe (14–21 Jahre), die ihn hinaufbringen zu einer alten Frau. Nachdem er einige Aufgaben erfüllt hat, gibt sie ihm einen kupfernen Ball und einen kupfernen Ring. Mit diesen darf er zu ihrer Schwester gehen, die ihm nach vollbrachten Aufgaben ihrerseits einen silbernen Ring und einen silbernen Ball schenkt. Der silberne Ball bringt ihn dann zur dritten Schwester, und diese alte Frau überreicht ihm dann, nachdem er die Aufgaben vollbracht hat, einen goldenen Ring und einen goldenen Ball. Durch diese findet er den Weg zum Palast aus Platin, wo er die verzauberte Königin findet und sie erlösen kann, indem er den Westwind, den Zauberer, überwältigt. Er bringt die Königin und die verzauberten alten Frauen, von denen sich herausstellt, daß sie Prinzessinnen sind, zurück zur steilen Wand, an der er hinaufgeklettert war.

Nachdem er alle hinuntergelassen hat zur Stelle, wo seine Brüder warten, bedrohen diese ihn in dem Moment, da er selbst als letzter zurück will. So muß er noch oben bleiben. Er muß erst noch andere Aufgaben erfüllen, um seine eigene Prinzessin zu finden und sich mit ihr verbinden zu können.

Man könnte in diesem Märchen die Entwicklung des Menschen erleben: wie das Ich, nachdem es erfolgreich die Seele durch alle Entwicklungsstufen geführt hat, zur höchsten Weisheit (Königin) aufstieg und sich, nach der Überwindung neuer Widerstände, mit der geläuterten Seele (Prinzessin) verbinden kann.

Die Entwicklung nach dem 63. Jahr

An anderer Stelle wurde schon darauf hingewiesen, daß der Mensch um das 40. Jahr herum lernen sollte, seine Erfahrungen und Genüsse nicht mehr so sehr auf das Physische zu richten, sondern vor allem auf das Psychische. Er muß die «Natur» in sich verwandeln zu «Kultur». Das Genießen mit der Seele soll die ausschließlich körperlichen Genüsse ersetzen. Wenn die Seele sich nicht nach und nach mit Hilfe der Ich-Kraft vom Leiblichen loslöst, kann sie sich nicht nach außen wenden und muß dem Prozeß des physischen Leibes folgen. Die Seele bleibt dann in einem langsam zerfallenden Hause wohnen und erlebt diesen Zerfall mit. Das ist deprimierend und Angst erweckend.

Der Mensch, der gleichsam seine Aufmerksamkeit auf die Außenwelt richtet und sich immer mehr vom Leiblichen loslöst, das heißt, der die Genüsse, die die Seele direkt betreffen, ohne Einmischung des Leiblichen zu finden weiß, wird den Zerfall des physischen Leibes viel weniger erleben, jedenfalls auf eine andere Art damit umgehen können. Er wird sich mehr oder weniger frei davon fühlen. Selbstverständlich ist damit nicht gemeint, daß man den physischen Leib außer acht lassen oder ihn «absterben» lassen soll, denn wir brauchen diesen Leib, um Erfahrungen zu sammeln.

Dies alles gilt auch für die Periode nach dem 63. Jahr, wenn die Seelenentwicklung mehr oder weniger abgeschlossen ist. In den ersten drei Phasen bis zum 21. Jahr empfängt der Mensch, in der zweiten Periode vom 21. bis zum 42. Jahr verarbeitet der Mensch das Dargebotene, und in der dritten Periode vom 42. bis zum 63. Jahr gibt er das Verarbeitete weiter. Nach diesem Zeitpunkt kann der Mensch, indem er sein geistiges Leben vertieft, seinen Mitmenschen noch mehr Erkenntnis und Einsicht vermitteln; er kann sich Liebhabereien, der Natur oder anderen Dingen hingeben, die sein Leben sinnvoll machen.

Auch die innerliche Verarbeitung der «Alters»-Qualen und die Einschränkungen, die sie einem auferlegen, kann der Entwicklung eine besondere Dimension geben. Dabei ist es eine helfende Kraft, wenn der Mensch durch Selbstlosigkeit und Selbstbeherrschung zu innerer Freiheit gekommen ist. Das innere Leben wird dann weniger abhängig von diesen Qualen. Eine andere Hilfe – dies wurde mir oft bestätigt –, die Menschen in diesen Lebensphasen erleben können, ist,

daß ihnen eine Kraft aus der geistigen Welt zuströmt, wodurch neue Impulse entstehen. Einige Beispiele können dies
verdeutlichen.

Goethe verliebte sich im Alter von 74 Jahren in ein junges
Mädchen und machte ihr einen Heiratsantrag. Er wurde ab-
gewiesen, jedoch wirkte sie auf ihn sehr inspirierend. Seinen
noch unvollendeten «Faust» hat er in den folgenden Jahren
weitergeschrieben und abgeschlossen. Bach schuf nach seinem 63. Jahr die Kunst der Fuge und Wagner komponierte
dann den Parsifal.

In meiner Praxis begegnete ich zahlreiche Menschen mit
ernsthaften körperlichen Beschwerden wie Magengeschwü-
ren oder Rheuma, die diese Beschwerden mehr oder weniger
überwanden in dieser Phase und noch einige Jahre danach in
ihrem Beruf oder ihrer Arbeit aktiv tätig sein konnten. Aller-
dings gelang dies nicht allen, doch ihre innere Freiheit, ihre
geistige Selbständigkeit half ihnen, den Schmerz zu überwinden, der durch körperliche Beschwerden oder Krankheiten entstanden war. Sie wurden ein Vorbild für alle in ihrer
Umgebung, wobei einige durch ihre große Lebensweisheit
noch viele Jahre jüngere begleiteten auf ihrem Weg durch die
Probleme unserer Zeit.

Die Märchenbilder, die in der vorigen Periode herausge-
griffen wurden, behalten auch für das Leben nach dem 63.
Jahr ihren Wert bei. Man kann hier an das Bild des Kaisers
oder des sich opfernden Fürsten denken oder an den Prinzen, der nach der Befreiung der Königin seine eigene Prinzessin (die geläuterte Seele) gefunden hat.

VIERTER TEIL
Ergänzende Gesichtspunkte

Das viergliedrige Menschenbild

Nach der anthroposophischen Sicht des Menschen besteht dieser nicht ausschließlich aus einem physischen Leib, wie es bei oberflächlicher Betrachtung erscheinen könnte. Was sehen wir eigentlich, wenn wir wirklich objektiv wahrnehmen? Wir betrachten einen schlafenden Menschen. Was liegt denn da? Man ist geneigt, zu sagen: ein Körper. Wenn das so ist, was ist dann der Unterschied zu einem toten Menschen? Beim schlafenden wirken scheinbar Kräfte, die die Form des Körpers bewahren und verschiedene Funktionen, wie den Herzschlag, die Atmung, den Stoffwechsel usw., instand halten. Beim Toten stehen diese Funktionen still, es fehlen die Kräfte, die während des Lebens die Form bewahren; denn beim Toten verschwindet die Form nach einiger Zeit, und der Leib löst sich «in Staub» auf. Mit anderen Worten: Wenn wir den schlafenden Menschen wahrnehmen, sehen wir einen physischen Leib und die Wirkungen einer Kraft, die die Form bewahrt und die Funktionen erhält. Die Kraft – die also beim Toten fehlt – nennt man schon seit alten Zeiten den *Lebensleib* oder *Ätherleib*. Der Mensch hat diesen gemeinsam mit der Pflanzenwelt, den stofflichen Leib gemeinsam mit den Mineralien.

Was kann man außerdem noch wahrnehmen? Was geschieht, wenn der schlafende Mensch erwacht? Er nimmt wahr, erfährt und bewegt sich. Ihm ist kalt oder warm, er ist fröhlich oder traurig. Mit anderen Worten, er hat Empfindungen, Gefühle, Begierden usw. Man muß also noch einen Teil im gesamten Menschenwesen unterscheiden. Dieses Wesensglied wird der *Empfindungsleib* oder, auf Grund alter Ansichten, der *Astralleib* genannt. Wir können diesen im engeren Sinn auch die *Seele* nennen, die der Mensch mit der Tierwelt gemeinsam hat.

Es gibt noch ein viertes Wesensglied, das ihn von den übrigen Lebensbereichen, namentlich von der Tierwelt, unterscheidet und ihn erst zum Menschen macht. Es ist das Wesensglied, das dem Menschen seinen aufrechten Gang gibt und ihm die Möglichkeit verleiht, die übrigen Wesensglieder bewußt zu lenken: das *Ich* oder der *Ich-Organismus* im Menschen. Durch dieses Glied ist jeder Mensch eine Individualität, ein einmaliges Wesen. Es befähigt ihn, die übrigen Wesensglieder zu entwickeln, indem er sie mit Weisheit und Selbstlosigkeit durchdringt. Da der Mensch auf Grund seines Ichs die Freiheit besitzt, seine eigenen Entwicklungsmotive zu bilden, unterscheidet sich der eine Mensch vom anderen.[35]

Das persönliche Schicksal

In den vorigen Kapiteln wurde einige Male der Begriff «Schicksal» oder «Lebensschicksal» gebraucht. Das, was jeder von uns im Leben erfährt, spielt sich auf verschiedenen Ebenen ab. Eine dieser Ebenen ist die Konfrontation mit den

Gesetzmäßigkeiten der verschiedenen Lebensphasen. Zudem gehört es zu unserem Lebensschicksal, daß wir jetzt leben, in diesen Zeitverhältnissen und nicht hundert Jahre früher, daß wir unter dem Einfluß gewisser großer Persönlichkeiten, von Kapitalismus und Kommunismus, einer materialistischen Kultur und von Versuchen, diese zu durchbrechen, stehen. Es gibt jedoch auch eine völlig individuelle Ebene in unserem Lebensschicksal, derer wir uns in bestimmten Zeiten plötzlich bewußt werden und die uns die Frage stellen läßt: Was kann nun meine persönliche Aufgabe in dieser bestimmten Phase oder im ganzen Leben sein?

Es gibt junge Menschen, die sehr genau wissen, was sie werden wollen. Andere wissen es nicht, werden aber von Eltern, Freunden oder durch «Umstände» auf eine bestimmte Spur geführt. Manchmal bedeutet dies, daß sie innerlich einen Drang verspüren, etwas anderes zu tun. Dies ist dann nicht immer ein «Ich will», sondern mehr ein Bedürfnis, ein Verlangen, und wenn so ein Mensch meint, diesem Verlangen nachgeben zu müssen, kann er erfahren, daß eine Gegebenheit, etwas in seinem Schicksal ihn dazu zwingt, doch der ursprünglichen Spur zu folgen. So jemand fragt sich dann nach dem 40. Jahr, ob er wohl den richtigen Beruf gewählt hat, während Außenstehende sehen, daß er für diesen Beruf «geboren» ist.

Einige Menschen werden immer wieder mit schweren Aufgaben konfrontiert, daß man sich manchmal die Frage stellt: Wozu dies alles, wann hört dieser Leidensweg auf? Es gibt auch Menschen, die häufigen Kummer mutig und mit Bewußtsein tragen, die diese Aufgabe geduldig auf sich nehmen. Man kann hierbei an Menschen mit einer ernsthaften körperlichen Behinderung denken, an Eltern, die ein behindertes Kind begleiten oder an Menschen, die Partner oder Freunden mit ihrer Behinderung helfen.

Durch diese Erfahrungen können Fragen wie die folgenden entstehen: Wer bin ich eigentlich, und was mache ich hier auf Erden? Warum bin ich derjenige, der ich bin, und warum habe ich diesen bestimmten Beruf? Was ist das, das eigene «Lebensschicksal»? Ist das Willkür der geistigen Welt, von Gott, der dem einen dies, dem anderen das gibt? Oder spielen da Gesetzmäßigkeiten mit und habe ich selber damit etwas zu tun? Ist es wirklich möglich, daß ich so ein Leben selbst gewählt habe?

Im folgenden sei eine Antwort versucht, die einigen Lesern zu weit und anderen gewiß nicht weit genug geht.

Es gab immer Menschen, die wußten, daß die Menschenseele eine Entwicklung durchmacht, nicht nur vom Kind zum Erwachsenen, sondern auch von einem Erdenleben zum anderen, von der einen Inkarnation zur nächsten. Diese Einsicht wird bestätigt und ausgearbeitet in den geisteswissenschaftlichen Untersuchungen, die durch Rudolf Steiner und andere gemacht wurden.[36] Das zentrale Faktum ist, daß der Mensch nicht nur einmal auf der Erde lebt, sondern daß die Menschenseele von Zeit zu Zeit neu in einen Erdenleib hineingeboren wird. Was geschieht in der Zwischenzeit, in der Zeit zwischen Tod und Geburt? Wo ist die Seele dann?

Um darauf eine Antwort zu finden, könnte man sich die Frage stellen: Was geschieht mit der Seele, wenn der Mensch schläft? Es gibt Volksweisheiten, die darauf hindeuten, daß das Leben in der Nacht während des Schlafes mehr als nur eine Ruhezeit für den Körper ist. Wenn der Mensch mit einem Problem kämpft oder vor einer wichtigen Entscheidung steht, sagt er: «Ich muß da noch eine Nacht drüber schlafen.» Die Franzosen sagen: «Qui dort, dîne» – wer schläft, der speist. Jeder Mensch weiß, wie er nach einer guten Nachtruhe erquickt und mit neuem Blick erwacht. Deutlich erkennbar ist dann in der Nacht etwas geschehen. Es ist, als ob man sich an einer Quelle erfrischt hätte. In der Poesie ist das ein häufig vorkommendes Bild, weil der Dichter noch ein unbewußtes Wissen dieser Nachtwelt haben kann. Aus geisteswissenschaftlichen Wahrnehmungen ergibt sich folgendes, wenn der Körper schläft: Die Seele verweilt in einer geistigen Welt, in der sie sich aufbaut und ernährt mit Hilfe von Wesenheiten, die dem Menschen in der Entwicklung weit voraus sind. Es sind die Wesenheiten, die in der Überlieferung als Engel, Erzengel usw. bekannt sind. In alten Kirchen, unter anderen in England, findet man Wandbilder, auf denen diese geistigen «Hierarchien» abgebildet sind.

In derselben geistigen Welt hält sich die Menschenseele auf zwischen den Momenten, da sie durch die «Pforte des Todes» die Erde verläßt und durch die «Pforte der Geburt» die Erde wieder betritt. Die Seele durchwandert dann verschiedene Sphären, von denen man in der Antike noch ein Wissen besaß. Dennoch kann man auch in unserer Zeit noch Menschen finden, die sich an diese geistige Welt spontan erinnern. Dies kommt oft bei Kindern vor.

Ein Priester der Christengemeinschaft in Halle, Wilhelm Gädeke, beschreibt zum Beispiel in einer ostdeutschen Veröffentlichung ein Gespräch zwischen einem vierjährigen Jungen und seiner Mutter. Der Knabe erzählt von dem Weg zu seiner Erdengeburt und sagt an einer bestimmten Stelle: «Da war ich bei der Sonne.» Auf die Frage seiner Mutter: «Und bist du dann heruntergeglitten?» antwortet er: «Nein, dafür war ich noch viel zu leicht; ich drehte dann erst um den Mond herum. Da war ich schwer genug.» «Und dann wurdest du in die Wiege gelegt?» «Nein, da bin ich in Mutters Gärtchen hineingegangen.»[37]

Maarten de Gans, Priester der Christengemeinschaft in Buenos Aires, erhielt von einer Lehrerin einen Text mit Zeichnungen von Himmelskörpern, die ein elfjähriges Mädchen ihr als Geburtstagsgeschenk überreicht hatte. Der Text lautete: «Ich wohnte vor 10 090 Jahren in Deutschland. Dann wollte ich mit der Sonne nach Argentinien reisen. Als ich dann nicht mehr mit der Sonne weitergehen wollte, stieg ich auf einen Stern um. Als ich mit dem Mond weiterreisen wollte, hat der Stern mich beim Mond abgesetzt. Als ich in Argentinien ankam, wartete meine Familie auf mich. Das war in der Zeit, als es noch keine Flugzeuge und Autos gab.»

De Gans vermerkt, daß das Mädchen aus einer Familie stammt, die ganz und gar keine spirituellen Weltanschauungen hat, so daß eine Beeinflussung unwahrscheinlich ist. Die Bilder müssen spontan in ihr aufgestiegen sein, als sie etwas ganz von sich selbst weggeben wollte.[38]

Auch in Märchen kann die Erinnerung an vorige Leben oder an den Gang durch die verschiedenen Himmelssphären zwischen Tod und Geburt durchklingen. Ein Beispiel ist das finnische Märchen *Ein Haupt*. Auch die Märchen der nordamerikanischen und brasilianischen Indianer und die der brasilianischen Neger enthalten solche Motive.

Was geschieht nun zwischen Tod und neuer Geburt, was wirkt dann auf die menschliche Seele?

In der geistigen Welt baut die Menschenseele in Zusammenarbeit mit gewissen «Hierarchien» ihren Lebens- oder Ätherleib (und damit schließlich ihren stofflichen Körper) und ihren Empfindungs- oder Astralleib auf. Es werden die Bedingungen geschaffen, unter denen das Ich sich im kommenden Leben entwickeln kann.

Die Beschaffenheit des Lebensleibes bestimmt unter anderem den Grad, in dem sich der Mensch konstitutionell, also losgelöst von äußeren Einflüssen, wohl, unwohl oder in Harmonie fühlt. Den Aufbau und die Wirkung des Empfindungsleibes erlebt der Mensch an allem, was er an Gefühlen von Zuneigung und Abneigung in sich hat. Diese bestimmen zum Beispiel, warum er sich zu einem gewissen Beruf hingezogen fühlt oder eine Affinität zu bestimmten Dingen oder Menschen hat. Auf diese Weise wird die körperliche und psychische «Ausrüstung» zusammengestellt, mit der der Mensch seine Lebensreise antritt. Der Lebenslauf selbst jedoch – die Begegnungen, Ereignisse und Erfahrungen, die der Mensch auf seinem Weg findet und durch die er sich entwickeln kann – wird entworfen in der Zusammenarbeit zwischen den höchsten geistigen Hierarchien und dem Ich.

Dieser ganze Komplex von Einflüssen und Bedingungen steht im Zeichen eines gewissen Lebensentwurfes, eines Lebensmotives. Gewiß gibt es Menschen, die etwas tun mit dem Gefühl, damit eine Lebensaufgabe zu erfüllen. Andere erfahren ihre Schwierigkeiten oder schwierigen Aufgaben als etwas Notwendiges, als etwas Sinnvolles, als ob es ihnen die Möglichkeit gäbe, etwas auszugleichen. Aus Gesprächen mit diesen Menschen stellt sich dann heraus, daß das nicht etwas ist, was mit diesem Leben zu tun hat, sondern eine Erinnerung an etwas anderes, die hindurchklingt. Es gibt Menschen, die schon als ganz kleines Kind wissen, was sie werden oder tun wollen. Es gibt auch Menschen, die sich erinnern, als kleines Kind gesagt zu haben, daß sie lieber nicht geboren worden wären. Diese Menschen hatten später ein sehr schwieriges Leben. Dieses «Vorgefühl», das sich ihnen im Alter von zwei bis drei Jahren aufdrängte, ist im Grunde eine Erinnerung an das vorgeburtliche Leben, wo die Seele weiß, was sie auf der Erde erwartet, weil sie selbst daran mitgeschaffen hat.

Ein so schweres Schicksal kann gewählt worden sein, um eine extreme Einseitigkeit auszugleichen oder ein begangenes Unrecht wiedergutzumachen. Das Lebensschicksal kann jedoch auch anders ausgerichtet sein. So können schwierige Aufgaben auf Erden Äußerung des Bedürfnisses sein, Erfahrungen zu machen und so gewisse Fähigkeiten für ein folgendes Erdenleben zu entwickeln. Es hängt davon ab, was am nötigsten ist. So liegt das Gewicht in dem einen Leben mehr auf der Verarbeitung, dem Abschließen der Vergangenheit und im anderen Leben mehr auf dem Vorbereiten der Zukunft. Der Sinn dieser fortwährend wechselnden Erdenleben ist die zunehmende Vervollkommnung des Individuums und der Menschheit, um sich dem Zustand zu nähern, auf den im Alten Testament hingewiesen wird, wenn es heißt: «Gott schuf den Menschen nach seinem Bild.»

Wenn man von dem Obigen ausgeht, dann sind Begegnungen, Erfahrungen und Ereignisse also nicht zufällig. Das heißt aber nicht, daß der Mensch nicht frei wäre. Es liegt an ihm, zwischen Wertvollem und Nebensächlichem zu unterscheiden, um Entwicklungsmöglichkeiten zu ergreifen oder liegenzulassen oder sogar auch neue Impulse für ein nächstes Leben auf sich zu nehmen. Daß der Mensch irren kann, macht gerade seine Freiheit aus. Gleichzeitig kann man aus Gesprächen mit Menschen und dem Nachvollziehen ihrer Lebensgeschichte schließen, daß ein nagendes, unbefriedigendes Gefühl bleibt, wenn eine Lebensaufgabe nicht angepackt wird.

Wie tief ein Mensch im Grunde mit seinem Schicksal verbunden ist, kann aus dem folgenden Märchen deutlich werden.[39]

Es war einmal vor langer Zeit in einem Lande, weit weg, ein armer Lastenträger, der am Ende des Tages beim Tor eines großen Hauses sich kurz ausruhte. Der Bewohner, ein Kaufmann, der von einer Reise nach Hause kam, fand ihn dort und fragte ihn, was ihn so bedrücke. Der arme Mann beklagte sich über sein Schicksal, durch das er von früh bis spät hart arbeiten müsse und daß er kaum genug für seine Familie verdiene.

Der Kaufmann, ein weiser Zauberer, lud ihn ein hereinzukommen und versprach ihm zu helfen, soweit es in seinen Möglichkeiten liege. Er führte ihn in einen großen Saal, dessen Wände ganz mit verschieden großen, bunten Teppichen behangen waren. Er sprach: «Siehe, mein guter Mann, schau dich um. Jeder Teppich stellt ein Leben dar. Wähle den schönsten aus, und ich werde dir jenes Leben schenken. Der Mann war sehr erfreut und schaute sich die Augen satt. Nachdem er lange gesucht hatte, legte er drei Teppiche zur Seite, und nachdem er nochmals lange geschaut und verglichen hatte, wählte er daraus einen einfachen, harmonisch gefärbten Teppich aus. Diesen legte er dem Kaufmann vor, der ihm freundlich zunickte und sagte: «Dieses Leben brauche ich dir nicht zu schenken, denn dieses hast du schon. Du hast aus all den verschiedenen Leben dein eigenes ausgewählt. Das ist dein eigener und Gottes Wille. Sei zufrieden damit und lebe es so gut wie möglich.» Darauf gab er ihm eine Börse mit Goldstücken und führte ihn wieder hinaus ins Leben.

(Zum Verständnis sei hier bemerkt, daß die Goldstücke das Bild sind für die Weisheit, die der Mann empfängt.)

Es gibt natürlich mehr Märchen, in denen die Verbindung mit dem eigenen Schicksal ausgedrückt wird, so wie in *Der Steinmetz* und *Das Innerste des Kopfkissens*, einer chinesischen Erzählung.[40] Auch in der folgenden Legende, die mir einst jemand erzählte, klingt dasselbe Thema durch. Gerade die am Anfang sinnlos erscheinende Erfahrung macht das Weitergehende möglich; man kommt nicht darum herum.

Es war einmal ein Mann, der ein schweres Kreuz zu schleppen hatte. Er schleifte es hinter sich her. Um ihn herum sah er Menschen mit kleineren, leichteren Kreuzen, die sich schneller und einfacher fortbewegen konnten. Der Mann empfand sein Kreuz als zu schwer und beschloß, ein Stück davon abzusägen, so daß er dieses nicht mitschleppen mußte. So ging er dann mit seiner leichteren Last weiter. Nun kam er schneller vorwärts.

Nach einer langen Zeit kam er an einen Fluß, den er überqueren mußte, um weiterzukommen. Wie er auch suchte, nirgends fand er eine Brücke, eine Fähre oder eine seichte Stelle. Dann kam er auf die Idee, sein Kreuz über das Wasser zu legen und so als Brücke zu gebrauchen. Aber leider war das Kreuz zu kurz, und zu seinem Schreck bemerkte er, daß das Stück, das er abgesägt hatte, das fehlende Stück war. Er begriff dann, daß er zurück mußte, dorthin, wo er gemeint hatte, selbst eingreifen zu müssen, um seine Last zu erleichtern. Glücklicherweise fand er das fehlende Stück, befestigte es wieder an seinem Kreuz und unternahm nochmals mit seiner schweren Last den Weg zum Fluß. Dort angekommen, konnte er das Kreuz über das Wasser legen und das andere Ufer erreichen.

Ereignisse, die wir erleben oder Wendungen, die das Leben nimmt, können Seiten haben, die wir nicht erwarten oder verstehen. Wenn der Mensch lediglich die Außenseite dessen, was ihm begegnet, betrachtet oder sich wehrt und sich nicht mit dem Inhalt verbindet, läßt er Möglichkeiten vorbeiziehen, die ihn hätten weiterbringen können. Wie unangenehm auch eine Begegung oder ein Lebensauftrag sein mögen, die daraus gewonnene Erfahrung kann der Schlüssel zur Selbstentfaltung sein. Dies versinnbildlicht die folgende Geschichte aus unbekannter Quelle, die mir von jemandem erzählt wurde. [41]

Es war einmal ein Mensch, der alles auf der Welt besaß, was ihm das Leben angenehm machte, der jedoch, mit all dem nicht zufrieden, nach dem Wahren im Leben suchen wollte. Deshalb entschloß er sich, als Pilger in ein Kloster zu gehen, das auf einem hohen Berg lag. Als er dort nach langer Fahrt anklopfte, öffnete sich eine kleine Luke in der Tür. Er erzählte dem Bruder Pförtner das Ziel seiner Reise und ersuchte um Einlaß. Die Luke wurde geschlossen. Wenig später öffnete sie sich wieder, und es wurde ihm schweigend ein Brot angeboten. Der Mann betrachtete erstaunt das Brot und wußte nicht, was er davon halten sollte. Brot brauchte er nicht, er hatte um Einlaß gebeten. Am nächsten Tag ging er wieder zur Pforte, klopfte an, erzählte wiederum seine Geschichte und bekam ein weiteres Mal, etwas zögernd jedoch, ein Brot angeboten. Der Pilger war enttäuscht und fühlte sich unverstanden. Am dritten Tag klopfte er nochmals an, und als der Pförtner ihn sah, streckte er ihm mit traurigem Gesicht und großer Zurückhaltung zum dritten Mal ein Brot entgegen, woraufhin er die Luke wieder schloß. Der Mann verstand überhaupt nichts und wunderte sich, was der Sinn von all dem sein könnte. Schließlich entschied er sich, das Brot zu gebrauchen. Er setzte sich, brach das Brot, um ein Stück davon zu essen und fand darin zu seinem großen Erstaunen den Schlüssel der Tür, der ihm den begehrten Einlaß zum Kloster ermöglichte.

Es dürfte deutlich geworden sein, daß unser Schicksal nicht rein zufällig ist. Es ist nicht das Schicksal, sondern mein Schicksal, mit dem ich es zu tun habe. Zudem beinhaltet die Existenz der menschlichen Freiheit, daß ich dieses Schicksal nicht passiv über mich ergehen lassen soll, sondern aktiv damit umgehen muß. Viele Menschen in dieser Zeit haben Mühe, die Wirklichkeit ihres persönlichen Schicksals zu erkennen und zu akzeptieren. Aus diesem Grunde können sie nicht mit den Problemen ihres Lebens zurechtkommen. Sie versuchen ihren Aufgaben aus dem Weg zu gehen, indem sie sich entscheiden (was häufig eine Flucht ist), unterzutauchen in irgendeine Form der Abhängigkeit oder sogar ihrem Leben ein frühzeitiges Ende zu bereiten. Sie haben den Inhalt ihrer Aufgabe nicht erkannt, so wie der Pilger am Anfang die Bedeutung des Brotes nicht erkannte.

Es gehört zu den schwierigsten Aufgaben im Leben, sich zu fragen: Inwieweit haben Probleme in meinem Leben zu tun mit meinen persönlichen Aufgaben, also mit meinem selbst bereiteten Lebensschicksal, und inwieweit gehören sie zu den Aufgaben, mit denen alle Menschen, die mit mir auf Erden leben, mehr oder weniger konfrontiert werden? Mit anderen Worten: Was ist persönliches Schicksal, und was ist Menschheitsschicksal in dieser Zeit, natürlich nur, soweit diese beiden zu trennen sind. Der Mensch wird sich in jeder Lebensphase diese Frage stellen müssen, um Einsicht zu erhalten in seine Lebensaufgabe, in seine persönliche Entwicklungsaufgabe im Unterschied zur Entwicklungsaufgabe, die für alle Menschen in jeder Lebensphase gilt und worauf dieses Buch einging. Beide Aufgaben können schwer sein und Kummer verursachen. Trotzdem wissen die, die dieser Einsicht gefolgt sind, daß sie reifer, weiser und in diesem Sinne auch glücklicher geworden sind, weil sie langfristig im Herzen Frieden schenken kann.

Die Gegenmächte

Dieses Buch wurde auf dem Hintergrund geschrieben, daß der menschliche Entwicklungsweg ein schwieriger Weg ist, der gar nicht selbstverständlich ist und nur mit Irrtümern und großen Anstrengungen auf der Suche nach dem richtigen Weg gegangen werden kann. Weshalb «irrt» denn der Mensch? Gewiß auch aus Unvermögen und Unwissenheit. Aber wenn das die einzigen Ursachen wären, dann könnten seine Fehltritte niemals so hartnäckig und schädlich für ihn und für andere sein, wie es häufig der Fall ist. Es stellt sich also die Frage, welche anderen Kräfte da mit im Spiel sind.

Aus mythologischen Geschichten und Märchen ist der Begriff «der goldene Mittelweg» bekannt. Das heißt, daß der richtige Weg zwischen *zwei* falschen Wegen lag. Das Bewußtsein dieser dreigliedrigen Wirklichkeit, das Gute zwischen den *zwei* Bösen, hat sich allmählich verloren. Man spricht dann und tut das noch heute, nur noch über Gut und Böse, den richtigen und den falschen Weg. Rudolf Steiner hat darauf hingewiesen, daß dieser Dualismus nicht der Wirklichkeit entspricht und daß dadurch einer wichtigen Gegenkraft der menschlichen Entwicklung die Aufmerksamkeit entzogen wird. Welcher, das ist abhängig von der Kulturepoche, in der entweder die eine oder die andere Kraft am stärksten wirksam ist. In vielen Vorträgen deutet er darauf hin, wie neben dem «Weg durch die Mitte», dem wahrhaft menschlichen, noch zwei andere Wege möglich sind, der «luziferische» und der «ahrimanische».[42] Welchen Sinn haben die zwei anderen Wege?

Jeder weiß aus eigener Erfahrung, daß Kraft entwickelt wird, je nachdem wieviel Widerstand zu überwinden ist. Der Athlet wird jedesmal versuchen, ein schwereres Gewicht zu heben, einen höheren Sprung zu wagen oder eine längere Strecke zurückzulegen. Der Musiker übt jedesmal ein schwierigeres Stück. Indem er seine Aufgaben immer etwas schwieriger macht, übt der Mensch seine Fähigkeiten.

Was für den individuellen Menschen auf körperlichem und geistigem Gebiete gilt, trifft jedoch auch für die Menschheit als Ganzes zu. Um die Entwicklung der Menschheit zu fördern, wurden in sehr ferner Vergangenheit «Gegenmächte» eingesetzt. Rudolf Steiner beschreibt dies wie folgt: «[...] die Menschen hätten sich (auch wenn die Evolution normal weitergegangen wäre) gut entwickeln können; aber noch stärker konnte die Menschheit werden, wenn man ihr Entwickelungshemmnisse in den Weg legte. Zum Wohle der Menschheit mußte man gewisse Mächte abkommandieren. Diese Mächte wurden zunächst nicht böse, man braucht sie nicht als böse Mächte aufzufassen, sondern man kann sogar sagen, daß sie sich geopfert haben, indem sie sich der Entwickelung hemmend in den Weg stellten. Diese Mächte kann man daher nennen die Götter der Hindernisse, im umfassendsten Sinne des Wortes. Sie sind die Götter der Hemmnisse, der Hindernisse, die der Entwickelungsbahn in den Weg gelegt worden sind; und von jetzt ab war die Möglichkeit gegeben zu all dem, was in der Zukunft sich vollzog. Diese Mächte, die abkommandiert waren, waren an sich noch nicht böse, waren im Gegenteil die großen Förderer der Entwickelung, indem sie Sturm liefen gegen die normale Entwickelung. Aber sie waren die Erzeuger des Bösen; denn dadurch, daß sie Sturm liefen, dadurch entstand nach und nach das Böse.»[43]

Diese «Götter der Hemmnisse» oder «Götter der Hindernisse» sind in der Anthroposophie als Luzifer und Ahriman bekannt, in der Bibel als Diabolos und Satanas. Ihr Opfer sollte die Menschheit in der Entwicklung weiterbringen. Dies ist in der Bildersprache einiger Märchen zu finden im Auftritt der bösen Fee (wie in *Dornröschen*) oder der bösen Hexe (in sibirischen, mitteleuropäischen und skandinavischen Märchen). Daß diese Mächte in ihrem Ursprung als helfende gedacht waren, ist auch die Auffassung Goethes, wie das im *Faust* klar wird. Im «Prolog im Himmel», in dem über den Menschen diskutiert wird, beschreibt der Vatergott diese Gegenmacht, Mephistopheles, wie folgt:

> «Des Menschen Tätigkeit kann allzu leicht erschlaffen,
> Er liebt sich bald die unbedingte Ruh;
> Drum geb ich gern ihm den Gesellen zu,
> Der reizt und wirkt und muß als Teufel schaffen. –»[44]

Es wird auch dort deutlich, wo Faust Mephisto fragt, wer er eigentlich sei, und dieser ihm antwortet:

> «Ein Teil von jener Kraft,
> Die stets das Böse will, und stets das Gute schafft.»

Es ist die Kraft in uns, die stets das Böse will, aber gerade dadurch die Möglichkeit zum Guten schafft.

Auch in dem folgenden altpersischen Märchen zeigt sich das Opfer und die ursprüngliche gute Art, in diesem Falle Ahrimans.[45] Ahura Mazdao hatte vom Urvater die Aufgabe erhalten, die Erde und alles darauf Lebende zu schaffen. Nachdem er das Wasser, die Erde, die Luft, das Firmament, die Gesteine, die Pflanzen und die Tiere erschaffen hatte, spazierte er in Gedanken versunken im Paradies, denn es war schwierig, auch noch den Menschen zu schaffen. So fand ihn sein Freund und Bruder Ahriman, der nach dem Grund seiner nachdenklichen Haltung fragte. Nachdem Ahura Mazdao ihm seine Sorge mitgeteilt hatte, fragte Ahriman, ob er ihm helfen könne. Ahura Mazdao sah ihn darauf traurig an und sprach: «Ja, das kannst du, aber dann wirst du ab diesem Augenblick mein Gegenspieler sein müssen, denn der Mensch wird sich nur zwischem dem Guten und dem Bösen entwikkeln können.» Nachdem sie sich eine Weile angeschaut hatten, erklärte Ahriman sich bereit, dieses Opfer zu bringen.

Was ist nun der Hintergrund des Auftretens Luzifers und Ahrimans? In Kürze kommt es auf das Folgende heraus. Ahriman versucht den Menschen so stark mit der physischen Welt zu verbinden, daß er die geistige Welt nicht mehr erlebt. Mit anderen Worten, er will den Menschen die Existenz Gottes vergessen lassen und will ihm weismachen, daß er durch seinen Verstand selbst die Welt schöpfen kann. Am Tiefpunkt seines Irrwegs verkündet dann der Mensch: «Gott (das ist das Geistige) ist tot.» Luzifer hingegen versucht, in seiner äußersten Konsequenz, den Menschen gerade von der physischen Welt zu lösen, so daß er vergißt, ein Erdenwesen zu sein, das doch nicht umsonst auf der Erde geboren wurde.

Wie sind die Wirkungen und Gefahren beider Mächte im täglichen Leben zu erkennen? Die Gefahr, die Ahriman verursacht, ist, daß der Mensch ausschließlich das Sinnliche sehen will und nicht die Wirklichkeit des geistigen Urbildes, welche dahinter steckt (die «Idee» nach Plato). Diese Überbewertung des Äußerlichen führt zu einem materialistischen Denken, bei dem alles in Schubladen, in Kategorien, in Modelle eingeteilt wird. Was nicht hineinpaßt, wird geleugnet oder abgelehnt. Der Mensch kann nur noch als das höchst entwickelte Tier gelten. Auf diese Weise verschwindet die Aufmerksamkeit für das Besondere, das Einzigartige jedes Individuums, das ja außerhalb des Instinktmäßigen, außerhalb des «Modells» liegt, und es entsteht ein Streben nach dem «Norm-Menschen». In dieser Betrachtungsweise werden die Umstände und Regeln nicht dem Menschen angepaßt, sondern der Mensch muß sich an die Regeln, an das Modell der Zukunft anpassen, so wie es durch gewisse Gruppen vorgegeben wird. Er muß in den Computer passen, sonst «ist damit nicht zu arbeiten». Das gleiche gilt für Beziehungsformen, Arbeitsmethoden, Therapieformen, Medikamente usw.: Sie müssen in das Modell passen. So entsteht eine Welt, in der das Ideal Ahrimans verkörpert wird: völlige technische Beherrschung. Zum Glück erleben immer mehr Menschen, daß eine solche berechnende, in Maß und Zahl

gestaltete Welt mit Kräften und Mächten bevölkert ist, die
der Mensch zwar selbst entfesselt hat, aber nicht mehr beherrschen und begreifen kann.

Ahriman bringt den Menschen, der blind in die äußere
Welt starrt, in die Versuchung der Macht. Er bewirkt, daß
der Mensch sich über andere erhaben fühlt und läßt ihn herrschen, indem er des anderen Schwächen mißbraucht. Ahriman strebt danach, das Denken von seinem geistigen Ursprung zu lösen und die Existenz einer geistigen Welt hinter
der sichtbaren Welt zu leugnen. So läßt er eine Scheinwelt
entstehen, in der das schöpferische Prinzip hinter dem sichtbaren fehlt.

Was sind nun die Gefahren, womit die andere Gegenmacht, Luzifer, uns bedroht? Luzifer will uns zu stark von
der Erde lösen. Diesen Gefahren begegnen wir zum Beispiel
in der Form von Ekstase, illusionärem Denken, Geltungs-
sucht, Selbstgefälligkeit, falschem Idealismus, fehlendem Interesse für den Mitmenschen. Man öffnet sich nicht mehr
dem Urteil des anderen, sondern findet nur noch die eigene
Aussage wichtig; hochmütig und in sich selbst gekehrt, folgt
man anderen Menschen, die das gleiche denken, mit unkriti-
scher Haltung.

Außer den beiden Extremen kann man im täglichen Leben
auch Erscheinungen wahrnehmen, wo der Einfluß beider
gleichzeitig zu bemerken ist. So kann es geschehen, daß
Menschen moralisch-sittliche Ideen hegen, ohne daraus in
ihrem Handeln die Konsequenzen zu ziehen. Aber gerade
im Schatten dieser geistigen Betrachtungen erweist sich das
tägliche Handeln um so geistloser. Die Gedanken, die der
Mensch denkt, müssen seinen Willen erfüllen. Aber wie oft
bedenken wir etwas, ohne daß dies eine Verbindung zur
Wirklichkeit hat, bzw. wollen wir etwas, ohne daß ein geistiger Inhalt dahintersteht! So merkwürdig es auch klingen
mag: Der Mensch muß noch lernen zu wollen. Wenn wir im
täglichen Leben «Ich will . . .» sagen, dann heißt das meistens «Ich habe Lust auf . . .» oder «Mein Körper will . . .».

Nur geistiger Wille und Mut können uns helfen, dem willenslähmenden Einfluß Widerstand zu bieten, der fortwährend auf uns einwirkt. In ihm sind die Gegenmächte zu erkennen.

Beide Mächte finden wir auch als Widerstände dort, wo der Mensch danach strebt, zu sich selbst zu kommen, sich selbst zu finden. Sie versuchen, den Menschen von seinen guten Vorsätzen abzubringen. Überprüfen Sie selbst, ob nicht während eines Augenblicks der Besinnung das Telefon läutete oder gerade unerwarteter Besuch kam oder plötzlich notwendige häusliche Sorgen Sie von Ihrem Vorhaben ablenkten. Wir finden diese Mächte auch dort an der Arbeit, wo Menschen, die sich in den geistigen Ursprung der Menschheit vertiefen wollen, lächerlich gemacht werden. Daneben sind sie überall dort zu erkennen, wo es den Menschen bequem gemacht wird, so daß sie ihre eigenen Gedanken oder ihren Willen nicht bemühen müssen, dort, wo alles so geordnet ist, daß persönliche Initiative und Verantwortungsgefühl ausgeschlossen werden. Dadurch kommt der Mensch nicht mehr zum Nachdenken und wird manipulierbar. Gegenseitiger Kontakt läßt nach, wenn Film, Fernsehen und Video eine zu große Stellung einnehmen. Ebenso kann man nicht zu sich selbst kommen oder mit ganzer Aufmerksamkeit anwesend sein, wenn man umspült wird von «Konservenmusik» in den Läden, Straßen und öffentlichen Gebäuden. Es scheint, als ob es so wenig Freude gäbe, daß sie künstlich herbeigerufen werden muß – wenn das überhaupt geht. Das Elend in der Welt, ernste Themen, manchmal sogar eine religiöse Mitteilung werden im Fernsehen als Show gebracht. Dies alles verhindert, daß Menschen sich fragen, worum es wirklich geht. Man ist sich zu wenig bewußt, daß es sich um unsagbares Leid von Mitmenschen handelt.

Wie zu Beginn schon gesagt wurde, war das Eingreifen der Gegenmächte ursprünglich ein Opfer, und beide haben ein positives Ziel. Es ist notwendig, auch das im Bewußtsein zu haben.

Durch Ahrimann wird dem Menschen geholfen, eine wirkliche Verbindung mit der physischen Welt, mit der sinnlich wahrnehmbaren Welt zu bekommen, ein Auge zu haben für das Werden und Vergehen und so Interesse an der Welt zu gewinnen.

Durch Luzifer kann der Mensch zur Selbsterkenntnis gelangen. Er hilft ihm, sein Seelenleben nicht zu stark mit dem physischen Leben zu verbinden und so das Seelenleben selbständig zu machen. Der Mensch kommt dadurch zu freiem Denken, zur Kunst, zu der Erkenntnis, daß sein Ursprung nicht in der physischen, sinnlich wahrnehmbaren Welt liegt. Auf Grund dessen kann er zu Hypothesen, zu Phantasien bezüglich der Wirklichkeit kommen, was wiederum zur Kunst und zu neuen Einsichten führen kann, vorausgesetzt, der Kontakt zur Wirklichkeit bleibt bestehen.

Der Mensch steht zwischen zwei Extremen, Luzifer und Ahriman, und muß sein Gleichgewicht zwischen beiden bewahren. Dies ist der «goldene Mittelweg», der Weg der Liebe als *Agape* (Nächstenliebe, Mitleid), der zugleich der christliche Weg ist.

Auf seinem Lebensweg begegnet der Mensch den Gegenmächten auf viele verschiedene Arten. In der persönlichen Begegnung spricht man auch vom «Doppelgänger». Es ist der ewige Gefährte, der uns begleitet, so wie Mephisto Faust begleitet. Dieser Doppelgänger kann sich in unerklärlichen Stimmungen, in körperlichen oder psychischen Empfindungen, in Krisen offenbaren. Man kann ihm auch in Mitmenschen, in Systemen, bei einem Unglück oder beim Verlust eines geliebten Mitmenschen begegnen. Eine kritische, wachsame Haltung ist notwendig bei jedem einschneidenden Ereignis auf unserem Lebensweg: Ist es ein Versuch, uns von einem gesetzten Ziel abzulenken, ist es ein Widerstand, der zu überwinden ist oder eine Warnung, daß wir auf dem falschen Weg sind?

Die Gegenmächte sind also nicht ausschließlich als das «Böse» aufzufassen. Sie sind auch unsere Helfer auf unserem Weg, um vom Gruppenmenschen, der wir in der vorigen Kulturepoche waren, in der Zukunft wirklich zu einem Individuum zu werden. Das ist der Mensch, dem es gelingt, als Individuum in Gemeinschaft mit anderen zu leben.

Einige therapeutische Ratschläge

In den vorigen Kapiteln wurden einige psychische oder körperliche Krankheiten angedeutet, die eine Folge von Lebensproblemen sein können: Alkohol- und Drogenabhängigkeit, Hypochondrie, Depressionen und körperliche Beschwerden wie Müdigkeit, Schmerzen, Stoffwechselstörungen usw. Einige Menschen können sogar die emotionalen Belastungen, denen ihr Herz täglich ausgesetzt ist, nicht verkraften. Wenn sie nach Hause kommen, setzen sie sich mit einer Flasche Bier vor den Fernseher und verschwinden schließlich mit einer Schlaftablette im Bett.

Jeder muß für sich entscheiden, ob er die Hilfe eines Therapeuten hinzuziehen will. Wenn man zweifelt, sollte man es besser tun. Es muß sich ja nicht immer eine langwierige Behandlung ergeben. Manchmal kann den Menschen mit einigen Gesprächen schon geholfen werden, vor allem, wenn die Probleme aktuell sind. Es kann aber auch sein, daß aktuelle Probleme auf unverarbeitete Erlebnisse in vorhergehenden Lebensphasen zurückzuführen sind. In jedem Falle ist es sinnvoll, den Hausarzt um Rat zu fragen, ob weitere Schritte notwendig sind. Vorbeugen ist immer besser als heilen.

In einigen Fällen können wir selbst ein paar grundlegende Maßnahmen treffen oder Übungen machen, die uns möglicherweise aus der Sackgasse helfen oder dazu beitragen, nicht so schnell in eine hineinzugelangen. Wir werden jedoch rasch merken, daß die Ausführung Geduld und Selbstdisziplin verlangt! Ein paar Maßnahmen und Übungen werden nun kurz erläutert.

1. Wir können uns vornehmen, jeden Tag zu einer festen Zeit etwas Konkretes zu tun, zum Beispiel die Pflanzen gießen, etwas lesen, Musik machen usw. Es ist eine Übung zur Stärkung des Ich und des Willens. Denn: *Ich* habe mir das vorgenommen, *ich will* dies tun! Immer wenn wir etwas vollbringen, was wir uns vorgenommen haben, stärkt es das Ich. Nachlassen kann ich-schwächend sein.

2. Eine etwas umfassendere Maßnahme und Übung ist, eine gute Tageseinteilung zu machen und sich daran zu halten. Bei manchen Menschen liegt die Ursache ihrer Migräne im übermäßigen Streß, d. h. im Drang, viel Abeit in sehr kurzer Zeit zu erledigen. Es genügte, einen guten Tagesplan aufzustellen, um die Beschwerden zu lindern oder verschwinden zu lassen.

Mancher Hausfrau, die mit Beschwerden kam und darunter litt, daß sie keine Zeit für sich hatte, war mit einer guten Tageseinteilung geholfen. Ein Stundenplan am Schrank, auf dem Arbeit und Freizeit gut verteilt sind, bedeutet, Freiraum zu schaffen für Liebhabereien und stärkt damit das Selbstbewußtsein. Das Arbeiten nach einem Stundenplan gibt freie Zeit, Ordnung und damit Ruhe. Voraussetzung dafür ist jedoch eine realistische Planung, die nur die tatsächlich zu bewältigenden Tätigkeiten enthält.

3. Viele Beschwerden entstehen dadurch, daß die Eindrücke des vergangenen Tages nicht verarbeitet werden können: visuelle Eindrücke des vorbeiflitzenden Verkehrs, volle Einkaufsstraßen oder Leuchtreklamen; Lärm von der Straße, Konservenmusik in Läden, Restaurants oder aus dem eigenen «walkman»; Geruchsempfindungen von den Abgasen der Autos, der Industrie usw. Es gibt jedoch auch noch subtilere Eindrücke, die über andere Sinne (Rudolf Steiner unterscheidet sogar insgesamt zwölf[46]) zu uns gelangen und gleichfalls

auf das emotionale Leben einen Einfluß ausüben. Genauso wie die Eindrücke der «gewöhnlichen» Sinne wirken diese bis in die Körperorgane hinein. Redensarten wie «der Schreck fuhr ihm in die Knochen», «vor Angst stockte ihm der Atem» oder «vor Angst machte er in die Hose» deuten auf so einen Zusammenhang. Um an diesen Eindrücken etwas zu arbeiten, kann unter anderem die sogenannte «Rückschau»-Übung nützlich sein. Jeden Tag in einem bestimmten Moment lassen wir die Ereignisse der vergangenen 24 Stunden in umgekehrter Reihenfolge an uns vorüberziehen bis zum gleichen Zeitpunkt am vorigen Tag. Wir gehen also von dem aus, was zuletzt geschah, kurz bevor wir mit der Übung begannen. Wesentlich ist dabei folgendes: Wenn wir uns an etwas nicht mehr erinnern, zum Beispiel was wir gegessen haben, wird dies trotzdem eingesetzt, auch wenn wir wissen, daß es nicht stimmt. Es geht darum, daß die Erinnerungskette nicht unterbrochen wird. So eine Übung braucht nicht viel Zeit zu kosten. Beim Nachdenken kann in wenigen Minuten sehr viel passieren! Einige Menschen üben vor dem Schlafengehen, wenn es ihnen Ruhe gibt; andere wieder werden davon wach und machen die Übung lieber früh am Abend, während die, die tagsüber zu Hause bleiben, den Ruhepunkt am Morgen beim Kaffee dazu benützen können.

Diese Übung hat einige erkennbare Vorteile. Daß Ereignisse täglich aufgereiht werden, gibt Ordnung und Ruhe, es ist eine Übung, die das Konzentrationsvermögen und das Gedächtnis trainiert, auf die Dauer verbessert sie das Wahrnehmungsvermögen.

Das Ganze hat auch noch eine weitere Bedeutung, zum Beispiel in Fällen mit Beziehungsproblemen. Die Rückschau hilft uns, Vorgefallenes zu ordnen und die eigenen und des anderen Reaktionen objektiver zu sehen: Wieso reagierte ich so, oder warum reagierte der andere so? Auf diese Weise können wir von unserem eigenen Handeln und Reagieren Abstand nehmen und uns selbst und den anderen besser kennenlernen.

4. Für den Menschen, der hauptsächlich auf die Außenwelt eingestellt ist, sich gern ins Vergnügen stürzt und Mühe hat, sich zu konzentrieren, wäre es gut, sich mit dem eigenen Lebenslauf zu beschäftigen.

Für den, der immerzu mit sich selbst beschäftigt ist, ist es ratsam, seine Aufmerksamkeit auf die Außenwelt zu richten, zum Beispiel auf andere Menschen, auf Entwicklungen in der Welt oder in der Natur in Form von Pflanzen, Mineralien, im Wolkenzug oder ähnlichem.

Jemand, bei dem noch das eine oder das andere im Vordergrund steht, kann sich sowohl mit der eigenen Biographie als auch mit der Wahrnehmung der Natur beschäftigen.

5. Es kann eine sinnvolle Übung sein, jeden Tag eine positive Erfahrung aufzuschreiben. Man braucht nur ein kleines Notizbuch oder Heft. Sich jeden Tag bewußt zu machen, daß es auch noch gute Dinge im Leben gibt, kann helfen, die Bedrücktheit, die einen manchmal überfällt, zu überwinden. Wenn man so etwas aufschreibt, dann liest man auch das, was gestern oder vorgestern der Mühe wert war, aufgeschrieben zu werden, und das kann Mut machen. Gute Dinge brauchen nicht weit weg zu sein: Die Sonne schien heute einen Moment; der oder die lachte mir heute freundlich zu; die Blume ist aufgeblüht; die ersten Knospen an den Sträuchern sind zu sehen usw.

6. Es ist evtl. anzustreben, statt im Sportklub oder beim Kartenspiel seine Freizeit zu verbringen, zur Abwechslung einmal ein Jahr lang künstlerisch tätig zu sein, entweder mit Malen, Modellieren, Zeichnen, Werken, Metall-Arbeiten und ähnlichem, oder einen Kurs in Volkstanz oder Eurythmie[47] zu besuchen. Das erste wirkt harmonisierend auf das Gefühlsleben, das zweite auf die Lebenskräfte.

Bei diesen Ratschlägen geht es nicht darum, alles auf einmal zu tun, sondern nach Bedarf und innerhalb der Möglichkeiten das eine oder andere zu üben. Die genannten Maßnahmen und Übungen sind keine Therapien im engeren Sinne, sie können jedoch hilfreich sein.

Biographische Psychotherapie

Obwohl dieses Buch kein Lehrbuch für biographische Psychotherapie im üblichen Sinne sein will, folgen hier dennoch einige Bemerkungen für professionelle Psychotherapeuten.

Die biographische Psychotherapie – die Bezeichnung wurde in den dreißiger Jahren zum ersten Male von B. Lievegoed gebraucht – ist ein Teil eines therapeutischen Vorgehens, bei dem der ganze Mensch im Hinblick auf seine vier Wesensglieder (siehe das Kapitel «Das viergliedrige Menschenbild») einbezogen wird. Das heißt, daß nach medizinischer Untersuchung und Diagnose im herkömmlichen Sinne eine sogenannte Wesensgliederdiagnose gemacht wird. Darunter versteht man den Gesundheitszustand der vier Wesensglieder und ihr Verhältnis zueinander. Dann folgt – natürlich nur, wenn kein chirurgischer Eingriff notwendig ist – eine Behandlung, die auf die Wesensglieder ausgerichtet ist. Dazu stehen die folgenden Methoden zur Verfügung, die nach Wunsch kombinierbar sind: Medikamente, äußerliche Therapie (u. a. Massagen, Bäder, Umschläge), künstlerische Therapie, Heileurythmie und, falls notwendig, biographische Psychotherapie. Das Wesensglied, auf das diese Psychotherapie zielt, ist das Ich. Die erste Bedingung ist dann selbstverständlich die, daß das Ich ansprechbar ist. Der Mensch muß selbst an seinem Problem etwas tun wollen und tun können. (Dafür gelten die üblichen Normen, zusammengefaßt in den vier I's: genügend *I*ntelligenz, *I*ntrospektion, sowie Aufnahme (*I*ncasseren, auf holländisch; der Übers.) und *I*ntegration des Unbekannten und Erlebten. Diese vier Fähigkeiten müssen vorhanden sein.)

Es sei betont, daß der Therapeut nicht nur über medizinische und psychologische Kenntnisse verfügen muß, sondern auch gründliche Kenntnisse des anthroposophischen Menschenbildes haben muß sowie die Bereitschaft, sich darin immer mehr zu vertiefen. Nur so erlangt er die innere Beweglichkeit und Kreativität, Ratsuchenden zu helfen, die selbst nichts von Anthroposophie zu wissen brauchen. Durch ständige Weiterbildung und Übung lernt er, objektiv wahrzunehmen, den Zustand der Wesensglieder zu beurteilen, Prozesse, die in der Seele vorgehen, zu erkennen und zugleich Begriffe und Bilder aus der Anthroposophie in den therapeutischen Gesprächen in einer für jeden verständlichen Sprache auszudrücken. Es ist keine Technik, keine Methode, sondern ein kreativer Vorgang, bei dem der Therapeut fortwährend fähig sein muß zu improvisieren.

Wie geht nun dieser Teil der Behandlung, die biographische Psychotherapie, vor sich? In der Praxis heißt das, daß zuerst die Beschwerden angehört werden und sich dann ein Eindruck der physischen und psychischen Entwicklung und des allgemeinen Gesundheitszustandes verschafft wird. Dies ist möglich durch eigene Untersuchung und durch die Angaben des Hausarztes oder Spezialisten. Dann wird zusammen mit dem Patienten seine Biographie besprochen und eine Diagnose gestellt. Ich persönlich halte dann eine kurze Einleitung über die Bedeutung der Biographie für die menschliche Entwicklung. Dabei stelle ich die Frage, ob der Betroffene schon einmal darüber nachgedacht hat, wieso diese Krankheit, Krise oder Depression gerade jetzt in diesem Alter erscheint. Diese Frage hat das Ziel, den Menschen erkennen zu lassen, daß so etwas eine Absicht, einen Sinn haben kann. Es kann einen Menschen aufwachen lassen, wenn er sich im positiven Sinne die Frage stellt: Warum passiert mir das, was soll ich daraus machen?

Dann lege ich einen Behandlungsplan vor. Wenn der Hilfesuchende einverstanden ist, wird von mir in einem folgenden Gespräch ein Bild des menschlichen Lebenslaufes gegeben, natürlich in kürzerer Form, als es hier vorliegt. Dann wird der Patient gebeten, in der kommenden Woche das beschriebene Bild mit dem eigenen Lebenslauf zu vergleichen und sich dazu zwei Fragen zu stellen. Die erste Frage ist: In welchen Phasen meines Lebens ging es nicht so, wie es im gegebenen Bilde gezeichnet wurde? Die zweite Frage ist: Inwieweit ist meine derzeitige Problematik diejenige der Lebensphase, in der ich mich befinde, und inwieweit zwingt meine jetzige problematische Situation mich dazu, mich mit den Aufgaben dieser Lebensphase zu beschäftigen? Dies alles wird dann in ein oder zwei Sitzungen besprochen.

Die Probleme, die dort sichtbar werden, können in Folgegesprächen ausgearbeitet werden. Dabei wird auf Fragen, Schwierigkeiten oder nicht verarbeiteten Kummer aus bereits vergangenen Phasen oder zu erwartenden Schwierigkeiten in kommenden Phasen und deren eventuellen Zusammenhang stärker eingegangen. Dies wird dann weiter betrachtet im Hinblick auf den Entwicklungsweg, den der Mensch geht und die möglichen Aufgaben seines Schicksals.

Persönlich sehe ich den Therapeuten und den Hilfesuchenden als Pilger, als Menschen auf dem Weg, wobei der eine vorübergehend als Führer mit dem anderen mitgeht. Für mich steht dabei der christliche Entwicklungsweg im Zentrum, so wie er im Laufe der Jahrhunderte durch wichtige Menschen vorbereitet und entwickelt wurde. Es ist jedoch schwierig, diesen Weg in seinem vollen Umfang und seiner tiefen Bedeutung ohne den Hintergrund der (anthroposophischen) Geisteswissenschaft zu begreifen.

Die Märchensprache: zwei Beispiele

Es werden sich einige Leser die Frage stellen: Es wird die ganze Zeit über die Ausdruckskraft der Märchenbilder geschrieben, aber wie soll ich mich einem Märchen nähern? Es sind verschiedene Antworten möglich. Für das Kind gilt, wie schon mehrfach erwähnt wurde, daß man die Bilder an sich sprechen läßt und sie nie erklären soll. Der Erwachsene kann auch versuchen, die Bilder sprechen zu lassen und herauszufinden, was sie in ihm wachrufen. Das erfordert Geduld; man kann dazu das Märchen mehrere Tage hintereinander lesen und überdenken.

Andere wünschen sich mehr Anhaltspunkte zum tieferen Verständnis. Um ihnen ein wenig zu helfen, folgen hier zwei Märchen und deren Deutung, wobei diese Deutungen nicht die einzig möglichen sind. Das erste ist ein Märchen aus der Gascogne in Südfrankreich.[48]

Der Mann in allen Farben

Es war einmal ein armer Holzfäller, der war Witwer und wohnte mit seinen sieben Söhnen in einer Hütte mitten in einem großen Wald.

Eines Tages rief der Holzfäller seine Söhne zu sich und sagte ihnen das Folgende:

«Meine lieben Söhne, bis jetzt habe ich im Schweiße meines Angesichts gearbeitet, um für euch das Brot zu verdienen. Jetzt seid ihr groß und müßt selbst arbeiten gehen, um euren Lebensunterhalt zu verdienen. Ich selbst habe noch soviel Kraft, daß ich nicht betteln gehen muß. Wenn meine Kräfte ganz nachgelassen haben, werde ich einen Bettelsack nehmen und von Tür zu Tür ziehen und um Brot bitten, so wie es damals unser Herr Jesus Christus tat.»

Der Holzfäller ist hier zu sehen als Bild für das Ende des sechsten Lebensabschnittes um das 42. Jahr. Es weist auf das abstrakte, analytische Denken, wodurch das Lebende in den Dingen nicht mehr wahrgenommen wird. Die sieben Söhne sind Bilder für die sechs vorhergehenden Phasen, wobei der siebte Sohn die siebte Phase (vom 42.–49. Jahr) in sich trägt, die eine Verjüngung und Erneuerung beinhaltet. Das Aufnehmen des Bettelsackes und der Vergleich mit Christus kann folgendes bedeuten: Der Mensch geht auf die Suche nach der geistigen Welt.

«Vater, wir sind bereit zu gehen. Wenn wir Geld verdient haben, bringen wir Euch etwas davon mit, so daß Ihr nicht zu betteln braucht.»

«So zieht dahin, und möge Unser Lieber Herr euch beschützen. Aber zuvor will ich jedem etwas schenken.»

Da öffnet der alte Holzfäller seine Truhe, worin ein Kleidungsstück lag, welches aus Teilen zusammengestückelt war, die alle möglichen Farben trugen und eine Börse mit sechs Goldmünzen. Beim Ältesten beginnend, gab er jedem seiner Söhne ein Goldstück, so daß dem Jüngsten nichts blieb.

Die Söhne, die ein Goldstück erhalten hatten, nahmen vom Vater Abschied und zogen hinaus. Da sagte der alte Holzfäller zum Jüngsten, der noch wartete:

«Mein Sohn, nimm dieses geflickte Kleid und sei nicht eifersüchtig auf deine Brüder. Du wirst der Mann in allen Farben sein.»

Der Wert der sechs vergangenen Lebensphasen wird in den sechs Goldstücken versinnbildlicht. Gold hatte in dieser Zeit den Wert, den es in alten Zeiten gehabt hatte, schon verloren. Wie schon erwähnt, war das Gold vor 2000 bis 3000 Jahren kein Tauschmittel. Dieses edle Metall war ursprünglich im Besitz des Priesterkönigs, der es für die Dächer und zum Schmuck der Tempel brauchte, so daß es für jeden sichtbar aufleuchten konnte. Später wurde es zum Tauschobjekt degradiert. Die Goldstücke sind hier das Bild für etwas, das bereits vergangen ist, seinen Wert verloren hat. Der jüngste Sohn, das Bild für die sich entwickelnde Seele in der Periode nach dem 42. Jahr, trägt jedoch noch alle Möglichkeiten (alle Farben) in sich.

Gesagt, getan. Der Mann in allen Farben sagte seinem Vater Lebewohl und ging.

Bei Sonnenuntergang erreichte er den Rand eines großen Waldes und setzte sich an den Fuß einer großen Eiche, um dort die Nacht zu verbringen. Der Mann in allen Farben schlief gerade ein, als er ein Rufen und Rauschen in den Zweigen hörte. Es war eine Drossel, die aufgeregt um ihr Nest flatterte, weil eine Schlange heraufgekrochen kam, um ihre Jungen zu fressen. Der Mann in allen Farben packte sofort seinen Stab und erschlug die Schlange.

Die Schlange gehörte zu jenen, die das Gold bewachten, welches in der Erde verborgen ist. In ihrem Bauch hatte sie zwölf Goldstücke, ein jedes zweimal vierundzwanzig Franken wert und genau so viele spanische Goldstücke, jedes zwei Dublonen wert.

«Gut!» sagte der Mann in allen Farben, «die doppelten goldenen Franken sind für mich und die spanischen doppelten Dukaten für meinen Vater.»

Auch in diesem Teil sind wieder viele Bilder verborgen. Der Wald ist das Bild für die vegetative Welt, wo Wachstumskräfte wirken. Der Waldrand kann auf die Grenze hinweisen, die zwischen der sinnlichen und der geistigen Welt liegt. Triebe und instinktmäßige Neigungen (oft durch wilde Tiere dargestellt) können hier überhandnehmen. Auf diesem Gebiet kann sich die Menschenseele zwischen Wachen und Schlafen, als Bild für die Suche nach Entwicklungsmöglichkeiten, verirren oder den rechten Weg finden. Es weist auf das unsichere Stadium hin, das jeder Suchende erlebt. Beim Einschlafen betritt der Mensch vor dem Tiefschlaf das Gebiet der Elementarwesen oder Naturwesen. Jeder kennt wohl die unangenehmen Träume oder die plötzlich auftauchenden Ängste beim Einschlafen oder beim Aufwachen. «Einschlafen» ist in diesem Märchen Bild für die Welt der Versuchungen.

In der Nacht verweilt das Ich in der geistigen Welt. Die

Nacht ist das Bild für den Anfang der Suche in der geistigen
Welt mit allen damit verbundenen Gefahren.

Die Eiche, ein sehr langsam wachsender Baum, tief und
fest in der Erde verwurzelt, war, wie die Mythologie zeigt,
vielen Völkern heilig und unter anderem dem Gott Mars ge-
weiht. Das Holz wurde im Kampf als Schild oder als Ramm-
bock gebraucht. Die Eiche ist Bild für Mut und Willenskraft.

Die Drossel gehört zu den Luftvögeln im Gegensatz zu
den Wasservögeln. Sie hat ein einfaches, aber schönes Lied
und ist Bild für eine Seelenqualität, nämlich das Denken, das
im Geiste weilt. (Das griechische Wort pneuma bedeutet sowohl Luft als auch Geist und weist auf deren Verwandtschaft
hin.)

Die Schlange ist das Bild der Versuchung und der Begierde, aber auch der Weisheit und Erneuerung. Streift doch
dieses Tier jedesmal seine Haut ab, wodurch es wieder er-
neuert wird. Schon zuvor wurde darauf hingewiesen, daß die
Gegenmächte (die Schlange ist ein traditionelles Bild dafür)
auch Lehrmeister und Erneuerer sein können, wenn der
Mensch sie beherrschen kann.

Das in der Erde verborgene Gold weist auf die ursprüngliche Erdenweisheit hin, über die der Mensch früher verfügen
konnte, die aber ihre Bedeutung verloren hat. Um das hier
angeführte Bild der Goldstücke begreifen zu können, muß
man annehmen, daß Märchen durch die Zeiten, in denen sie
entstanden, geprägt werden können. Dieses Märchen ist
wahrscheinlich im 13. oder 14. Jahrhundert entstanden,
einer Zeit, in der die Bedeutung Spaniens als Großmacht ab-
nahm und diejenige Frankreichs zunahm. Deswegen werden
die französischen Goldstücke (die Franken) als Bild für die
Zukunft, die Erdenweisheit, die in Willensimpulse verwandelt wird, von dem Jüngling behalten, und die spanischen
Münzen sind für den Vater, die Vergangenheit, bestimmt.

*Er legte sich abermals unter der Eiche zur Ruhe, schlief die
ganze Nacht und machte sich bei Sonnenaufgang wieder auf*

den Weg. Nach drei Stunden Gehen machte er bei einer Her-
berge, die am Wege lag, Rast. Als er seine Suppe gegessen und
eine Flasche Wein getrunken hatte, bezahlte er die Wirtin und
fragte nach dem Weg.

«Mann in allen Farben», so gab sie zur Antwort, «wenn Ihr
immer weiter geradeaus geht, werdet Ihr in drei Tagen in Pa-
ris sein. Wenn Ihr aber nach rechts geht, dann werdet Ihr ge-
nau um zwölf Uhr im Land von Hunger und Durst sein und
werdet weiß Gott wohin kommen.»

Der Mann in allen Farben ging nach rechts. Genau um
zwölf Uhr mittags erreichte er das Land von Hunger und
Durst. Dort gibt es keine Flüsse und Bäche, keine Brunnen
oder Quellen. Die Erde ist genauso trocken wie der Boden
eines Ofens. Menschen und Tiere, Groß und Klein, Kräuter
und Bäume: alles ist abgestorben, verbrannt und versengt von
der Sonne.

Die Zahl drei im Zusammenhang mit Stunden, Tagen oder
Nächten, deutet auf ein Verweilen in der geistigen Welt. In
alten Zeiten dauerte der Tempelschlaf, der einer Einweihung
vorausging, drei Tage und Nächte. Christus ist nach drei Tagen vom Tod auferstanden. Die Wirtin kann hindeuten auf
die Kräfte, die noch instinktmäßig und ungeläutert sind, auf
den Menschen, der weiß, aber nichts tut. Der Weg geradeaus
führt nach Paris, das Bild der äußeren Welt. Nach rechts, die
rechte Seite, deutet auf die Zukunft, links auf die Vergangenheit.[49] Das Ich wählt den Weg in die Zukunft und erreicht das Gebiet, wo die Sonnenkräfte vorherrschen, angedeutet durch die Gefahren der Askese, Ekstase und das
Verbranntwerden durch die Leidenschaften im umfassendsten Sinn.

Drei Tage und Nächte lief der Mann in allen Farben weiter,
ohne zu essen und zu trinken. Dann fand er, am Boden ausge-
streckt, einen toten Mann, der in seiner rechten Hand noch
einen geschmiedeten Stab, neun Zentner schwer, hielt. Der

*Mann in allen Farben begrub den Toten, betete für ihn zu
Gott, nahm den geschmiedeten Neun-Zentner-Stab und ging
wieder weiter bis zum folgenden Morgen.*

*Bei Sonnenaufgang hatte er das Land von Hunger und
Durst hinter sich gelassen. Aber vor ihm stand ein Berg wie
eine Mauer, die mehr als hundert Faden hoch war. Am Fuße
des Berges entdeckte er ein Haus, dessen Fenster und Türen
alle weit offen standen. Das war das Haus vom Körper ohne
Seele, der gerade einen Rundgang machte.*

Drei Tage und drei Nächte durch das Land von Hunger und
Durst zu ziehen, deutet auf den Weg, den die Seele durch ein
Gebiet geht, wo sie keine Nahrung findet, sondern gefährdet
ist, der Versuchung von Ekstase und Leidenschaft zu erlie-
gen. Die Seele kann da untergehen (der Tote) oder weiterziehen und Mut sammeln (der eiserne Stab von neun Zentnern). Der Tote kann auch das Bild der abgestorbenen
Begierde sein, wodurch nun der Mensch mit dem eisernen
Stab – die Begierde, die in Mut und Ich-Kraft verwandelt ist
– weiterziehen kann. Das Ganze ist ein Bild für die Begegnung mit den luziferischen Gegenmächten.

Der Berg deutet auf höhere Erkenntnis und Wahrheit, auf
die Fähigkeit, Überblick über das Seelenleben zu erhalten.
Dies beinhaltet jedoch auch die Gefahr einer weiteren Versuchung. Das Haus des Körpers ohne Seele weist unter anderem auf die Leere nach der sechsten Lebensphase hin und
die Gefahr, wiederum in das Irdische zurückzufallen, anstatt
sich davon zu lösen.

*Der Mann in allen Farben ging hinein. Er nahm ein großes
rundes Brot, das auf einem Gestell lag, ging in den Keller hinunter, um dort Wein zu holen und fing an, zu essen und zu
trinken. Dann ging er, mit dem eisernen Stab von neun Zentnern in Reichweite, zu Bett und schlief ein. Er schlief bis Mitternacht. Ein gewaltiger Lärm weckte ihn. Es war der Körper
ohne Seele, der von seinem Rundgang zurückkehrte.*

«Ho, ho! Wer hat sich bei mir als Herr und Meister eingenistet? Warte, Dieb, warte nur. Ich werde dir alle Lust nehmen, dies noch einmal zu tun.»

Aber der Mann in allen Farben war schon aus dem Bett gesprungen und hatte den Stab von neun Zentnern schon in der Hand. Es entbrannte ein heftiger Kampf, der drei Stunden dauerte. Schließlich wurde der Körper ohne Seele durch einen heftigen Schlag mit dem Stab auf den Kopf zu Boden geschlagen.

«Mann in allen Farben, quäle mich nicht länger. Du wirst mich nie töten können. Es steht geschrieben, daß ich erst am Ende der Welt sterben kann, um dann nie mehr aus dem Tod aufzuerstehen. Ich werde alles tun, was du mir befiehlst.»

«Gut, Körper ohne Seele, zeige mir, auf welchem Weg der Berg erklommen werden kann. Aber gehe ehrlich voraus, hüte dich vor dem eisernen Stab von neun Zentnern.»

Das Betreten des Hauses des Körpers ohne Seele und das Zu-sich-Nehmen von Brot und Wein deutet hin auf das Sich-Verbinden mit der Erde, zugleich mit den Christuskräften, um dadurch dem Versucher Widerstand bieten zu können. Es ist bemerkenswert, daß der Körper ohne Seele Brot und Wein im Haus hat. Man könnte sagen: In jedem Menschen leben Christuskräfte neben den Gegenkräften. Entscheidend ist, womit der Mensch sich verbindet. Indem der Mann in allen Farben Brot und Wein zu sich nimmt, stellt er sich schon über den Körper ohne Seele. Brot ist hier auch die Erkentnnis der geistigen Welt. Wein wirkte in der Zeit, in der das Märchen spielt (im Gegensatz zu heute), verstärkend auf die Ich-Kraft.

Um Mitternacht betritt der Körper ohne Seele das Haus. Darin ist die ahrimanische Versuchung zu erkennen. Nachts um zwölf wirkt diese Macht am stärksten. Die andere Gegenmacht, die luziferische, wirkt mittags um zwölf am stärksten. Zu dieser Zeit kam der Mann in allen Farben in das Land von Hunger und Durst. Im Kampf wird die Versuchung, in das Irdische zurückzufallen, überwunden. Ahriman wird gezügelt, denn töten kann man ihn nicht. Dieses Bild erinnert auch an das Bild von Michael mit dem Drachen: dieser wird auch besiegt, aber nicht getötet. Erst wenn der Versucher, d. h. das Irdische oder die Materie, überwunden ist, liegt der Weg zum Berg, d. h. zur Weisheit oder zur geistigen Welt, offen.

Da zeigte der Körper ohne Seele dem Mann in allen Farben den rechten Weg, so daß dieser wie eine Ziege zwischen den hohen schwarzen Felsen hindurchkletterte. Plötzlich sah er einen Wolf, so groß wie ein Stier, der mit weit geöffnetem Rachen auf ihn losstürmte.

Was tat der Mann in allen Farben da? Er schwang seinen eisernen Stab von neun Zentnern und gab mit seiner ganzen Kraft dem Kopf des Tieres einen heftigen Schlag, so daß es tödlich verletzt zu Boden fiel.

«Mann in allen Farben», sagte der Wolf, «du bist nicht der erste, der ohne zu sterben durch das Land von Hunger und Durst zog und der dem Körper ohne Seele die Grenzen setzte. Von denen, die bis hierher kamen, habe ich viele gefressen. Aber einige, die hier vorbeikamen, haben ihren Weg fortgesetzt und befinden sich nun an einer Stelle, die du bald erreichen wirst. Da ich jetzt durch deine Hand sterben werde, mußt du mein Fleisch essen und mein Blut trinken, denn du brauchst Mut und bist noch nicht am Ende deiner Prüfungen.

Der Mann in allen Farben wartete, bis der Wolf tot war. Dann aß er sein Fleisch und trank sein Blut und fühlte sofort eine große Kraft in sich wachsen.

Der Mensch setzt seine Reise zur geistigen Welt fort, auf seinem Weg hinauf begegnet er jedoch dem Wolf, der so groß wie ein Stier ist. Im Wolf ist das Bild des düsteren Materialismus zu finden, verbunden mit den unbeherrschten Trieben, für die der Stier ein Sinnbild ist. Auch diese

Kräfte müssen überwunden werden. Das Zu-sich-Nehmen von Fleisch und Blut ist eine Metamorphose der Wolf- bzw. der Stierkräfte in Mutkräfte.

Nach einer Stunde war er oben auf dem Berg, der mehr als hundert Faden tief senkrecht zu einem Fluß abfiel, der eine halbe Meile breit war. Das Wasser des Flusses machte ein schreckliches Getöse und strömte so schnell wie der Wind. Am anderen Ufer sah der Mann in allen Farben ein Land so lieblich, so bezaubernd, daß man meinen konnte, es wäre das Paradies Unseres Lieben Herrn.

Das Ich des Menschen ist nun so weit gekommen, daß es die Übersicht erlangt hat und die Schwelle (der Fluß) zur geistigen Welt (das Paradies) erreicht. Der Fluß deutet auch auf die große Beweglichkeit hin, die notwendig ist, um weiterzukommen.

Auf dem Gipfel des Berges traf der Mann in allen Farben eine große Schar von Menschen, die all ihren Mut aufgebracht hatten, um bis hierher zu gelangen.

Einige weinten, während sie mit gefalteten Händen niederknieten und riefen: «O Gott, o Gott, mach, daß wir hinüberkommen.»

Da dachte der Mann in allen Farben: «Der gute Gott hilft nicht denen, die Ihn alles machen lassen. Diese Menschen werden das andere Ufer nie erreichen.»

Andere berieten sich andauernd, ohne je zu einem Entschluß zu kommen und sagten: «Die Hauptsache ist, daß wir gut anfangen. Wir müssen nicht hasten. Wir haben Zeit.»

Da dachte der Mann in allen Farben: «Das sind Menschen, die reden werden, ohne je etwas zu tun bis zum Tage des Jüngsten Gerichts. Es gibt eine Zeit zum Reden und eine Zeit zum Handeln. Wer nicht wagt, gewinnt nicht. Diese Menschen werden das andere Ufer nie erreichen.»

Es gab auch Menschen, die zu den anderen sagten: «Laßt

uns alle zusammen hinunterspringen. Laßt uns einander hel-
fen. Laßt uns zusammen schwimmen, alle miteinander.»

Da dachte der Mann in allen Farben: «Das ist eine Verein-
barung, bei der man alles geben muß, ohne etwas zu erhalten.
Diese Menschen werden das andere Ufer nie erreichen.»

Es gab auch zwei oder drei waghalsige Gestalten, die den
Sprung wagten. Aber anstatt sich nur an die Richtung gerade-
aus zu halten, drehten sie sich um zu denjenigen, die vom Gip-
fel aus zuschauten und ihnen zuriefen: «Nach rechts! Nach
links! Nicht so! Du bist verloren!»

Diese Menschen erreichten das andere Ufer nicht, und das
Wasser bedeckte sie für immer.

Da dachte der Mann in allen Farben: «Jetzt weiß ich, was
ich tun muß.»

Er verbarg sich hinter einem Felsen, rollte seine Kleider zu-
sammen, knüpfte sie auf seinen Rücken, machte ein Kreuz und
sprach:

«Vorwärts, mein Freund!
Warmer runder flacher Kuchen,
Eingewickelt in ein Tuch,
Volles Doppel-Litermaß,
Springe jetzt, so schnell es geht.» [50]

Er sprang ohne Angst und Scheu. Als er wieder über Wasser
kam, hielt er sich immer geradeaus, kräftig und fest entschlos-
sen schwimmend wie ein Fisch, ohne hinter sich zu blicken
und ohne auf die Rufe der Leute auf dem Berg zu hören. Nach
einer Stunde konnte er sich am anderen Ufer wieder anziehen.

Dann begrüßte der Mann in allen Farben die Menschen,
die sich am anderen Ufer befanden, sehr höflich. Diese aber
erzürnten sich über die Maßen, als sie sahen, daß er das andere
Ufer erreicht hatte. Sie drohten ihm mit der Faust und über-
häuften ihn mit Beschimpfungen. Er lachte jedoch nur darüber
und begab sich wieder auf den Weg.

Wir wollen weiter nachforschen, was diese vielen Bilder uns
sagen wollen. Bewußt nach der geistigen Welt zu suchen, ist

eine schwierige Aufgabe. Es ist wie ein Weg, der an vielen Versuchungen vorbeiführt, wodurch man sein Ziel vergessen könnte. Doch gibt es viele, die es weit bringen, ja sogar bis «zum Berg» gelangen. Diesen Zustand zu erreichen, wo Übersicht als auch Einsicht entstehen, ist aber nicht das Endziel. Mit dieser Einsicht muß der Mensch weitergehen. Wie man sehen kann, gibt es viele, denen das nicht gelingt. Der eine scheitert, weil er sich nicht bewußt wird, daß er selbst mit seinem eigenen Ich handeln muß; nicht Gott allein, sondern das Ich selbst muß es wollen. Der andere kommt nicht weiter, weil er keine Entscheidung trifft; er macht keinen Unterschied zwischen der Zeit zum Reden und der Zeit zum Handeln. Die Menschen akzeptieren nicht die Bedeutung des «Wer nicht wagt, der nicht gewinnt». Wieder anderen fehlt der Mut, den Weg allein zu gehen. Sie wollen sich voneinander getragen wissen und sind sich nicht bewußt, daß es sich um die Entwicklung des Individuums, des Ichs, handelt und nicht um die Entwicklung eines Gruppenwesens. Das gleiche gilt mehr oder weniger für eine letzte Gruppe, die ebenfalls nicht selbst das Ziel im Auge behält, sondern sich durch andere führen läßt. Diese «am Ufer stehenden Steuerleute» wirken dann als Versucher, wodurch das Ziel nicht erreicht wird. Der Mensch im Bilde des Mannes in allen Farben erkennt all diese Versuchungen und weiß nun, was er zu tun hat. Er zieht seine Kleider aus. In der Märchensprache ist damit das Folgende gemeint: Er legt seinen Lebensleib ab und zieht nur mit seinem Ich und seinem Empfindungsleib weiter. Daß er ihn am anderen Ufer wieder anzieht, deutet auf einen dem «Traumschlaf» ähnlichen Zustand, nicht auf einen «Todesschlaf». Das Märchen deutet somit auf einen Einweihungsweg, den der Mensch auf Erden gehen kann. In der geistigen Welt angekommen, wird er durch die Wesenheiten beschimpft, die «den Sprung nicht wagten». Er zieht jedoch mutig weiter, seinem Ziel, dem «Vaterhaus», entgegen, wo das Ich seinen Ursprung hat.

Als er eine Stunde gegangen war, traf er auf einen Zwerg mit einem Bart, der nicht mehr als eine Spanne groß war.

«Mann in allen Farben, du mußt mir folgen.»

«Mit Freuden, Zwerg.»

Sie gingen weiter, bis sie an ein großes dunkles Loch kamen, das tief in die Erde hineinführte. Lange, lange stiegen sie in dieses Loch hinunter. Doch der Zwerg, der zuhinterst ging, wußte es so einzurichten, daß nach ihnen niemand mehr hindurch konnte, sei es, um hinunterzugehen oder um hinaufzusteigen.

Schließlich kamen der Mann in allen Farben und der Zwerg unten an, wo sie ein kleines Licht sahen. Sogleich gingen sie darauf zu. Während sie gingen, wurde das Licht immer größer. Endlich befanden sie sich auf der Schwelle eines großen Tores, das Zutritt zu einem schönen Land bot. Darin stand ein großes Schloß, von hundert wunderbaren Höfen, die es umgeben.

«Mann in allen Farben, ich schenke dir dieses Schloß mit den Höfen. Versuche, künftig zufrieden unter der Erde zu leben, denn du wirst weder Mann noch Frau je wiedersehen.»

Der Zwerg ist ein Wesen, das stark mit der Erde, den Steinen, den Metallen (Urschmied) und den Wurzeln der Pflanzen (Wurzelmännchen) verbunden ist. Es ist das Bild des Erdenverstandes, der irdischen Intelligenz. Der Zwerg weiß alles von der Erde. Sein großer Verstand wird bildlich durch seinen großen Kopf, sein hohes Alter und durch den Bart dargestellt. Auf dem Kopf trägt er eine Zipfelmütze, ohne die er nichts wert ist. (In anderen Märchen erobert sich der Mensch die Zipfelmütze des Zwerges, der dadurch seine Macht verliert, und der Zwerg bekommt die Mütze zurück, unter der Bedingung, daß er den Menschen hilft.) Jede Mütze ist nach oben hin geschlossen. Dies deutet darauf hin, daß der Verstand nur auf die Erde gerichtet ist und nicht auf die geistige Welt. Die Begegnung mit dem Zwerg deutet auf den Teil des menschlichen Verstandes, der sich auch nur auf die Erde richtet, der alles mit irdischen Gesetzen zu erklären und dort zu vertuschen versucht, wo die Erklärung nicht einleuchtend ist. Alles, was sich außerhalb der irdischen Logik befindet, wird ausgeschlossen (die Zipfelmütze oder Kapuze auf dem Kopf).

Mit dem Bilde des *unterirdischen* Schlosses deutet das Märchen auf die vollkommene Auslieferung an das Physische. Dann droht durch die Gefangenschaft der Seele im Körper und die Gebundenheit an den irdischen Verstand die Einsamkeit, das Abgeschnittensein vom Mitmenschen. Die suchende Seele mußte erst gegen luziferische und ahrimanische Doppelgänger kämpfen, empfängt jetzt aber die Aufgabe, die neuen Widerstände mit Liebe und Einsicht zu überwinden.

Der Zwerg ging fort, und der Mann in allen Farben klopfte an die Tür des großen Schlosses. Sofort öffnete eine Hand die Tür. Eine andere Hand führte ihn in einen großen Saal, wo ein gedeckter Tisch stand und wo durch zwölf Hände ein Mahl aufgetragen wurde. Aber es war weder Mann noch Frau da. Nach dem Mahl untersuchte der Mann in allen Farben das große Schloß von oben bis unten. Er sah überall andere Hände, die in der Küche arbeiteten, die Zimmer aufräumten und viele andere Arbeiten verrichteten. Auf dem Hofe stand ein großer eiserner Käfig, in dem ein Adler eingeschlossen war, am Fuß mit einer Kette angebunden. Hände brachten ihm zweimal täglich rohes Fleisch. Im Stall standen drei Stuten, eine schneeweiße, eine rabenschwarze und eine blutrote. Auch diese drei Tiere wurden durch Hände betreut, sie striegelten sie und gaben ihnen Heu, Stroh und Hafer. Aber es war weder Mann noch Frau da.

Dieses Märchen ist sehr bilderreich. Wir wollen in unserer Suche fortfahren. Der Mensch ist nun «über dem Fluß» und kommt in eine andere Erlebniswelt. Durch Brot und Wein, die er vor der Überfahrt zu sich genommen hat, tritt er dem

Neuen unbefangen entgegen. Es geht nun darum, daß er lernt, zuzuhören und zu opfern. Deshalb folgt er dem Zwerg. Man könnte darin einen Teil der Aufgaben der Lebensphase zwischen dem 49. und 56. Jahr erkennen. Das Vorhergehende, wo Mut und Tatkraft wichtig waren, könnte auf die Phase zwischen dem 42. bis 49. Jahr weisen.

Im Schloß zu wohnen und durch «Hände» bedient zu werden, ist ein Bild für den Zustand, in dem man im eigenen Körper eingeschlossen ist und sich der Bequemlichkeit hingibt. Es kann jedoch auch Bewußtsein für den dienenden Platz, den der Körper im Leben einnimmt, entstehen.

Es ist auch ein anderes Erlebnis dieses Bildes möglich. Der Mensch ist im Bereich der Lebenskräfte angekommen, die man als ernährend und stärkend erleben kann. Die «Hände» deuten auf die Gnade dieser Kräfte hin, mit denen höhere Hierarchien das Leben versorgen. Die Gefahr der Bequemlichkeit droht, wenn die dadurch freigewordenen geistigseelischen Kräfte nicht sinnvoll eingesetzt werden.

Auf dem Spaziergang «durch das Schloß» entdeckt das menschliche Ich noch etwas anderes. In einem vorhergehenden Kapitel wurde auf das Bild des Adlers hingewiesen. In diesem Märchen ist er das Bild der eingekerkerten Geistesweisheit. Wenn die menschliche Seele an den Körper gebunden ist, kann die höhere Weisheit sich nicht entfalten und bleibt gefesselt. Auch die drei Stuten deuten auf gefangene Kräfte. Rot deutet auf die Kräfte des Blutes, mit denen das Ich verbunden ist; es drückt Tatkraft aus, so wie es zwischen dem 21. und 28. Jahr nötig ist, um die Empfindungsseele zu entwickeln. Das «Schwarz wie ein Rabe» wurde schon beschrieben: Der Rabe hat etwas Belehrendes, Ordnendes und ist Bild für die Phase vom 28. bis zum 35. Jahr, wenn der Mensch die Gemüts- oder Verstandesseele entwickelt. Weiß drückt aus, daß der Träger sich reine, überirdische Kräfte zu eigen gemacht hat, so wie sich dies zwischen dem 35. und 42. Jahr in der Entfaltung der Bewußtseinsseele offenbaren kann. Das Pferd ist das Symbol des instinktmäßigen Verstandes, der durch das menschliche Ich gezügelt und geführt werden muß.

Der Mann in allen Farben lebte lange im großen Schloß, immer allein, bis er dieses Zustandes überdrüssig wurde. Um sich die Zeit zu vertreiben, ging er morgens und abends zum Stall. Wenn er die drei Stuten versorgt hatte, brachte er dem Adler im eisernen Käfig rohes Fleisch. Die vier Tiere erfaßten so eine große Zuneigung zu ihrem Meister, daß sie sich nicht mehr durch die Hände pflegen lassen wollten.

Eines Tages fing der Adler an zu sprechen: «Mann in allen Farben, du langweilst dich, immer ganz allein in diesem großen Schloß. Denkst du, mir macht es Spaß, immerzu festgeketet an meinem Fuß in diesem eisernen Käfig zu sein? Befreie mich. Ich werde zur Erde fliegen durch das Loch, durch das du hier hinunterkamst. Ich werde dir dann jeden Tag die Neuigkeiten von dort oben bringen.»

Der Mann in allen Farben befreite den Adler und sprach zu ihm: «Adler, fliege in mein Vaterland und sammle Nachrichten von meinem Vater. Sag ihm, daß ich unter der Erde gefangen bin und daß er mich niemals wiedersehen wird.»

Der Adler flog davon und kam am gleichen Abend zurück. «Mann in allen Farben, ich habe deinen Vater gesehen. Er ist sehr alt und kann nicht mehr arbeiten. Drei deiner Brüder helfen ihm, so gut sie können. Aber sie verdienen nicht genügend Geld, um ihn zu ernähren, da er selbst nichts mehr tun kann. Deshalb nahm der arme Mann seinen Bettelsack und zog bettelnd von Tür zu Tür, um seinen bescheidenen Lebensunterhalt zu verdienen, so wie damals unser Herr Jesus Christus. Ich habe jedoch etwas unternommen, und es wird fortan nicht mehr geschehen. Ich weiß, wo ich Lebensmittel beschaffen kann, und dein Vater wird jeden Tag den Mundvorrat, den er braucht, erhalten.»

«Ich danke dir sehr, Adler.»

Seit diesem Tag waren der Mann in allen Farben und der Adler gute Freunde. Jeden Tag zog der Adler hinaus, die Auf-

gabe, die er auf sich genommen hatte, zu erfüllen, und jeden
Abend brachte er Neuigkeiten aus der Welt über der Erde mit.
Eines Abends sagte er zu seinem Freund:
«Mann in allen Farben, dort oben geschieht etwas, das der
Mühe wert ist, berichtet zu werden. Es gibt dort einen König,
der vier Töchter hat, so wunderschön wie das Sonnenlicht. Ein
Zwerg hat ihm die drei ältesten gestohlen und hat sie, ich weiß
nicht wo, verborgen. Die Jüngste blieb jedoch bei ihrem Vater.
Aber höre jetzt die Nachricht, die der König heute morgen mit
Trommelwirbel in allen Gemeinden seines Landes ankündi-
gen ließ: Alle kühnen Männer und tapferen Ritter erhalten im
Namen des Königs die Botschaft, daß im kommenden Monat in
der Stadt Babylon drei große Pferderennen stattfinden werden,
jeden Sonntag eines. Der, der dreimal Sieger wird, soll am
Sonntag darauf die Tochter des Königs heiraten.»

Ehrfurcht vor dem dienenden Leib, die der Mensch erwirbt,
indem er aktiv bleibt, kann das Ich in der Seele zur Entwicklung bringen. Der Adler in ihm spricht und kann sich entfalten: Die höhere Einsicht bricht durch und öffnet den Weg für
die weitere Entwicklung. In der Begegnung zwischen dem
Adler und dem alten Vater ist eine Metamorphose erkennbar.
Es ist der Beginn der Verwandlung der alten Kräfte in neue
Kräfte. Die traditionellen Auffassungen, die aus der Vergangenheit, aus der Jugend und der Lehrzeit stammen, machen
Platz für neue, die aus eigenen Erfahrungen gewachsen sind
und in eigene Einsicht und Weisheit verwandelt werden. Der
Mensch wird sich dessen, was er geschafft hat, bewußt, realisiert aber zugleich, daß gewisse Seelenkräfte noch gebunden
sind; diese sind zu erkennen im Bild der drei Königstöchter,
die gefangen wurden und befreit werden müssen. Erst danach
kann die vierte Tochter erobert werden (die nächste Lebensphase). Es geht hierbei auch um alte Kräfte (Babylon), die auf
ihre Metamorphose warten. Der Kampf, dies zustande zu
bringen und die neue Einsicht zu erlangen, wird in dem nun
folgenden sichtbar gemacht.

Da wurde der Mann in allen Farben traurig. Er dachte Tag und Nacht über das nach, was ihm der Adler erzählt hatte. Eines Morgens merkte die blutrote Stute, daß ihr Herr weinte.

«Mann in allen Farben, ich weiß, warum du weinst. Ich kann dich von deiner Trauer erlösen. Mit mir wirst du das erste Rennen gewinnen, denn ich kenne einen besonderen Weg, der zur Erde führt. Ich kann jedoch nur einmal auf diesem Wege hin und zurück, und du mußt mir schwören, daß du wieder mit mir zurückkehrst.»

«Blutrote Stute, ich schwöre es dir bei meiner Seele.»

«Nun, so laß uns gehen!»

Die blutrote Stute lief schneller als der Wind und erreichte nach einer Stunde die Stadt Babylon. Es war Sonntagabend. Die Vesper war gerade vorbei, die Rennen fingen an, und es gab keinen Mangel an Rittern, die um den Sieg ringen wollten. Aber die blutrote Stute flog dahin, schneller als der Wind, sie hatte das Ziel schon erreicht, als die anderen Pferde noch keine hundert Schritte gemacht hatten. Da rief das Volk: «Es lebe der Mann in allen Farben!»

Aber die blutrote Stute lief wieder fort, schneller denn je. Nach einer Stunde war der Mann in allen Farben wieder in sein großes Schloß unter der Erde zurückgekehrt.

Der Mann in allen Farben wurde abermals sehr traurig. Er dachte Tag und Nacht über das nach, was ihm der Adler erzählte hatte. Am nächsten Sonntag bemerkte die rabenschwarze Stute, daß ihr Herr weinte.

«Mann in allen Farben, ich weiß, warum du weinst. Ich kann dich von deiner Trauer erlösen. Mit mir wirst du das zweite Rennen gewinnen, denn ich weiß einen besonderen Weg, der zur Erde führt. Ich kann jedoch nur einmal auf diesem Weg hin und zurück, und du mußt mir schwören, daß du mit mir wieder zurückkehrst.»

«Rabenschwarze Stute, ich schwöre es dir bei meiner Seele.»

«Nun, so laß uns gehen!»

Die rabenschwarze Stute lief schneller als der Wind. Sie kam jedoch erst nach zwei Stunden in Babylon an. Es war Sonntag-

abend, und die Vesper war schon gesungen. Das Wettrennen hatte schon vor einer Stunde angefangen, und es gab keinen Mangel an Rittern, die den Sieg erringen wollten. Aber die rabenschwarze Stute flog noch schneller dahin als die blutrote Stute, und sie hatte das Ziel schon erreicht, als die anderen Pferde erst auf halbem Wege waren. Da rief das Volk: «Es lebe der Mann in allen Farben!»

Aber die rabenschwarze Stute lief wieder fort, schneller denn je. Nach einer Stunde war der Mann in allen Farben wieder in sein Schloß unter der Erde zurückgekehrt.

Der Mann in allen Farben wurde abermals sehr traurig. Er dachte Tag und Nacht über das nach, was ihm der Adler erzählt hatte. Am nächsten Sonntag bemerkte die schneeweiße Stute, daß ihr Herr weinte.

«Mann in allen Farben, ich weiß, warum du weinst, und ich könnte dich von deiner Trauer erlösen. Mit mir würdest du das dritte Rennen gewinnen, denn ich kenne einen besonderen Weg, der zur Erde führt, aber ich kann auf diesem Wege nur einmal hin und zurück.»

«Nun, erlöse mich von meiner Trauer!»

«Das will ich nicht.»

«Ich bitte dich darum!»

Der Mann in allen Farben flehte die schneeweiße Stute an, bis sie schließlich antwortete: «Also gut! Aber schwöre mir, daß du mit mir zurückkehren wirst.»

«Schneeweiße Stute, ich schwöre es bei meiner Seele.»

Die schneeweiße Stute lief schneller als der Wind. Sie kam jedoch erst nach drei Stunden hinkend in der Stadt Babylon an. Es war Sonntagabend, und die Vesper war schon gesungen. Die Pferderennen waren fast vorbei, und es gab keinen Mangel an Rittern, die den Sieg erringen wollten. Die schneeweiße Stute ging im Schritt und hinkend los. Da rief das Volk: «Wie schade, der Mann in allen Farben wird das Ziel nicht erreichen!»

Der Mann in allen Farben war der Verzweiflung nahe und rief: «So lauf doch, schneeweiße Stute!»

«Das kann ich nicht, ich bin lahm.»
Der Mann in allen Farben war verzweifelt. Drei Reiter
brauchten nur noch hundert Schritte, um den Sieg zu erringen.
Da wieherte die schneeweiße Stute und lief schnell davon, so
schnell, daß man sie mit bloßem Auge nicht mehr sehen
konnte. Es war kaum Zeit genug, um «Amen» zu sagen, da
hatte sie das Ziel schon vor den anderen Pferden erreicht. Da
rief das Volk: «Es lebe der Mann in allen Farben!»
Die schneeweiße Stute jedoch lief wieder fort, schneller
denn je. Nach einer Stunde war der Mann in allen Farben
wieder in sein großes Schloß unter der Erde zurückgekehrt.

Einsicht kann traurig machen. Die Erkenntnis der eigenen
Gebundenheit läßt zu neuen Taten drängen, um etwas dagegen zu unternehmen. Mit dem Enthusiasmus und der Tatkraft des Menschen zwischen dem 21. und 28. Jahr (die blutrote Stute) stürzt er sich in den Kampf und erreicht sein Ziel,
das heißt, er erlebt aufs neue die Phase der Empfindungsseele. Seine Seele jedoch bleibt noch immer teilweise an die
Erde und den Körper gebunden; er muß zurück ins Schloß.
Die Verwandlung der folgenden Phase (28.–35. Jahr) geht
mühsamer vor sich. Es ist schwierig, zu «ordnen». Die Reise
dauert «zwei Stunden», doch das Ziel wird erreicht. Auch
jetzt bleibt die Seele gebunden und muß zurück. Die dritte
Phase der Seelenentwicklung, die Entwicklung der Bewußtseinsseele, ist noch schwieriger zu durchlaufen und dauert
gar «drei Stunden». Die Seele wurde durch Schaden weise
(das Pferd hinkt). Die Ich-Kraft, die inzwischen ganz stark
wurde (das dritte Pferd ist doch das schnellste), weiß auch
hier die Seele zu unterstützen, so daß das Ziel erreicht wird.

Der Mann in allen Farben wurde abermals ganz traurig. Er
dachte Tag und Nacht über das nach, was ihm der Adler er-
zählt hatte. Am nächsten Sonntag merkte der Adler, daß sein
Herr weinte.
«Mann in allen Farben, ich weiß, warum du weinst, und

ich würde dich gerne von deiner Trauer erlösen. Leider sind die Wege, die die drei Stuten benutzt haben, für immer verschlossen. Es bleibt nur noch das Loch übrig, durch das du mit dem Zwerg heruntergekommen bist. Setze dich rittlings auf meinen Rücken, dann werde ich dich fliegend hinauftragen. Das ist jedoch keine leichte Arbeit. Um es bis zum Ende durchzuhalten, muß ich während der Reise gut gefüttert werden. Nimm viel rohes Fleisch mit, um es mir unterwegs zu fressen zu geben.»

Der Mann in allen Farben holte eine Menge rohes Fleisch und setzte sich auf den Rücken des Adlers, der sogleich davonflog.

«Vorwärts, Adler!»

Und der Adler flog kräftig vorwärts. Er rief jeden Augenblick: «Fleisch! Fleisch!»

Und der Mann in allen Farben fütterte ihn, während er immerfort rief: «Vorwärts, Adler!»

Hundert Faden tief unter der Erde ging ihm das Fleisch aus.

«Fleisch! Fleisch!»

Da nahm der Mann in allen Farben sein Messer, schnitt ein Stück aus seinem Schenkel, gab es dem Adler zu fressen und ließ ihn noch sein warmes Blut trinken. Fünf Minuten später kamen sie beide in der Stadt Babylon an.

Es war acht Uhr morgens. Jeder trug seine Sonntagskleider. In allen Kirchen läuteten die Glocken in vollem Klang für die Hochzeit der Königstochter.

«Mann in allen Farben», sprach der König, «du bekommst meine Tochter nicht, bevor du mir ihre drei Schwestern zurückgebracht hast.»

Da sprach der Adler: «Warte hier auf mich.»

Der Adler flog davon und kam nach einer Stunde zurück, den bärtigen, zwei Fuß großen Zwerg an den Haaren herbeiziehend. Der Zwerg stampfte mit der Ferse auf den Boden. Auf der Stelle erschienen die drei Stuten: die schneeweiße, die rabenschwarze und die blutrote. Diese drei Stuten waren die drei ältesten Töchter des Königs von Babylon, die der Zwerg *in Tiere verwandelt hatte, so daß er sie besser verstecken konnte. Sogleich nahmen sie ihre frühere Gestalt wieder an.*

«Mann in allen Farben», sprach der König von Babylon, «ich kann dir nichts mehr verweigern.»

Dann wurde die Hochzeit gefeiert, eine Hochzeit von der Größe, wie man sie noch nie gesehen hatte und sie auch nie mehr sehen wird. Der Mann in allen Farben ließ seinen Vater holen. Er ließ auch die drei Brüder kommen, die dem armen Mann beigestanden hatten, und jeder von ihnen heiratete eine der drei Prinzessinnen. Am Ende der Hochzeit, die einen ganzen Monat dauerte, sprach der Adler:

«Mann in allen Farben, ich diene dir jetzt schon eine lange Zeit. Doch hast du mich nicht belohnt.»

«Adler, wünsche dir, was du willst.»

«Mann in allen Farben, gib mir den höchsten Turm von Babylon, damit ich darauf mein Nest bauen kann. Gib mir noch den bärtigen Zwerg, der keine zwei Fuß groß ist.»

«Adler, das ist gerecht. Nimm dir, was du brauchst.»

Da nahm der Adler den bärtigen Zwerg, der keine zwei Fuß groß war, mit zum höchsten Turm von Babylon. Dort stach er ihm die Augen aus und nagte ihn ab bis auf die Knochen.

Die Seele hat sich durch drei Stadien hindurch entwickelt und ist nun so weit, daß sie sich von der eigenen Körperlichkeit lösen kann. Die Aufmerksamkeit muß nun auf die Außenwelt gerichtet werden (mit Hilfe des Adlers). Diese Kraft führt den Menschen zu höheren Einsichten. Das geht jedoch nicht ohne Opfer (ein Stück aus dem Schenkel schneiden). Dann erreicht der Mensch die letzte Entwicklungsphase zwischen dem 56. und 63. Jahr, in der er Selbstlosigkeit übt. Erst dann kann er König werden. Die Hochzeit zwischen den drei Brüdern und den drei Prinzessinnen ist die Verbindung des Ichs mit den drei geläuterten Phasen.

Der Turm ist die Festung der Kraft. In Märchen wird dieses Bild unter anderem für Beharrlichkeit gebraucht. Es ist diese Beharrlichkeit, die der Mensch, der Mann in allen Far-

ben, bewiesen hat, wodurch er die instinktmäßige Erdenweisheit in seine eroberte höhere Weisheit aufnehmen kann
(der Adler verspeist den Zwerg).

Das folgende Märchen[51] veranschaulicht die Lebensproble-
matik um das 40. Jahr herum.

Die Prinzessin im verdunkelten Palast

*Vor langer, langer Zeit lebte in einem Land, weit weg von
hier, eine Prinzessin. Sie war so schön wie der hellichte Tag.
Nach und nach wurde sie jedoch still und betrübt, denn sie
lebte in einem Palast, in den das Sonnenlicht nicht mehr ein-
dringen konnte. Vor dem Palast stand ein Baum, der immer
größer und dicker geworden war, so daß alles Licht zurückge-
halten wurde. Jeder Versuch, den Baum zu fällen, hatte die
Folge, daß der doppelt so dick wurde.*

Der Palast ist aufzufassen als Bild für den menschlichen
Leib, in dem die Seele (die Prinzessin) wohnt. Der Blick der
Seele nach draußen wird immer mehr verdüstert in dem
Maße, in dem das Leben (der dicker werdende Baum) fort-
schreitet und mit Traditionen beladen wird, die ihren Wert
verloren haben. Das geschieht, wenn die Seele beim alten stehenbleibt, anstatt sich weiterzuentwickeln. Daß der Baum als
Bild für das Leben gebraucht wird, mag deutlich werden,
wenn wir an den Baum im Paradies und an den Lebensbaum
in den verschiedenen Mythologien denken.

*Schließlich ließ der König bekanntmachen, daß derjenige, der
den Baum fällen könnte und an dieser Stelle eine Quelle ent-
springen ließe, die Prinzessin zur Frau bekäme und zum König gekrönt würde. Wem der Versuch jedoch nicht gelänge,
der würde seinen Kopf verlieren.*

Es kamen viele Prinzen und Ritter, um ihr Glück zu versuchen, doch sie verloren ihren Kopf.

Der König als Vater der Braut ist der Teil der Seele, der der innerste Teil ist, der den Impuls zur weiteren Entwicklung in sich trägt. Dieser weist der Seele den Weg: Das Alte ist vorbei, also muß der Baum gefällt werden und etwas Neues entstehen (die Quelle). Die ersten Versuche der Seele mißlingen, weil die Kräfte, die im Menschen leben, schlecht genutzt werden. Es ist die Frage, wie der Versuch dennoch gelingen kann.

In einem anderen, weit entfernten Land lebte ein Prinz, der in die Welt ziehen wollte. Nach langen Reisen und vielen Abenteuern kam er in einen großen Wald. Eines Tages hörte er das Geräusch eines Axtschlages. Er lenkte seine Schritte in diese Richtung und fand eine gewaltige Axt, die einen Baum fällte. Der Prinz war ganz erstaunt, freute sich über das, was er sah und fragte: «Sage, Axt, darf ich dich mitnehmen?» Sie Axt antwortete: «Ja, das darfst du.» Da nahm der Prinz die Axt und steckte sie in seine Seitentasche.

Nach einer langen Zeit, in der er wieder viele Abenteuer erlebt hatte, kam er abermals in einen großen Wald. Dort hörte er kurze, schnell aufeinander folgende Schläge, und als er weiterging, sah er eine kleine Axt, die ein Loch in den Boden hackte. Der Prinz freute sich so über das, was er da sah, daß er fragte: «Sage, Axt, darf ich dich mitnehmen?» Die Axt antwortete: «Ja, das darfst du, denn ich habe auf dich gewartet.» Der Prinz steckte auch diese Axt in seine Seitentasche und zog weiter.

Nach vielen Abenteuern und langen Reisen durch ungastliche Gebiete kam er an einen Bach. Das Wasser war so klar und flüsterte so schön, daß er wissen wollte, wo die Quelle war. So zog er dem Bache nach, der immer schmaler wurde, bis er die Quelle entdeckte. Es war eine Walnuß, die offen war und aus der das Wasser tropfte. Als der Prinz, der sehr beein-

druckt war über das, was er gefunden hatte, fragte, ob er die Walnuß mitnehmen dürfe, antwortete sie: «Ja, ich bin froh, daß du gekommen bist. Ich habe schon auf dich gewartet.» Darauf verbarg der Prinz auch die geschlossene Walnuß sorgfältig in seiner Tasche. Danach setzte er seinen Weg fort und kam in die Stadt der betrübten Prinzessin, wo er die Geschichte vom verdüsterten Palast hörte.

Es sind die Ich-Kräfte, das geistige Element (der Prinz) im Menschen, die der Seele helfen müssen, sich zu entwickeln, damit sie sich vom Körper (der Palast) lösen kann, so daß wieder Licht in sie strömt. In den Bildern kann man nacheinander die Lebensphasen zwischen dem 21. und 42. Jahr erkennen. In der ersten Phase der Seelenentwicklung (21.–28. Jahr) verwandelt der Mensch seine instinktmäßigen Kräfte und Triebe in einen geformten Willen. Es ist die Entfaltung der Empfindungsseele. Beim Schlagen mit einer großen Axt kann man die Notwendigkeit eines gerichteten Willenseinsatzes erleben.

In der zweiten Phase (28.–35. Jahr), in der es um die Entwicklung der Gemüts- oder Verstandesseele geht, wird der Mensch sich mit sich selbst beschäftigen müssen, in seinem tiefsten Wesen bei sich selbst zu Rate gehen müssen. Dazu braucht man, im Bild ausgedrückt, eine Axt, um in die Tiefe vorzustoßen. Die Axt wartet nur darauf, gebraucht zu werden.

In der dritten Seelenphase (35.–42. Jahr), in der die Bewußtseinsseele zur Entwicklung kommen soll, braucht der Mensch seine Denkkraft. Gewiß, das Denken ist in den vorigen Phasen auch helfend dabei, aber in der dritten Periode kann der Mensch es weiterentwickeln. Es handelt sich hier um das lebendige Denken (Wasser), das mit Hilfe des menschlichen Gehirns (die Oberfläche des Gehirns gleicht einer Walnuß) geweckt werden muß. Dieses lebendige Denken geht von der Wirklichkeit, von Lebenserscheinungen aus. Dies steht im Gegensatz zum Denken, das von Traditionen, Wünschen, Erwartungen, falschen Idealen ausgeht. Letzteres ist dazu bestimmt, unterzugehen (Prinzen und Ritter, die ihren Kopf verlieren).

So ausgerüstet, kann der Prinz den Kampf mit dem Leben, wie es um das 40. Jahr herum ist, aufnehmen.

Am nächsten Tag klopfte der Prinz am Palast an und ersuchte den König, seine Kräfte am Baum erproben zu dürfen. Der König zeigte sich sehr betrübt, daß auch dieser Prinz seinen Kopf verlieren sollte, und er versuchte, ihn von seinem mutigen Vorhaben abzuhalten. Er zeigte ihm alle Köpfe, die schon gefallen waren. Der Prinz jedoch bestand auf seinem Vorhaben.

Am nächsten Morgen wurde er zum Baum gebracht. Er legte die große Axt an den Fuß des Baumes und gab ihr den Auftrag, ihn zu fällen. In kürzester Zeit war der Baum gefällt, und das Sonnenlicht strömte in den Palast hinein. Darauf nahm der Prinz die kleine Axt, legte sie auf den Boden und bat sie, eine Grube zu graben. In kürzester Zeit war ein tiefes Loch entstanden.

Dann nahm der Prinz die Walnuß, legte sie auf den Boden der Grube und öffnete sie. Bald war die Grube gefüllt, und es wurde ein Strom von lebensspendendem Wasser frei, womit der Palast, der Garten, die Stadt und das ganze Land gespeist werden konnten.

Überall war Freude über das, was der Prinz zustande gebracht hatte. Am nächsten Tage war ein großes Fest, als der Prinz und die Prinzessin heirateten und er zum König gekrönt wurde. Sie lebten lange und glücklich zusammen. Und wenn sie nicht gestorben sind, so leben sie noch heute.

Erst wenn der Mensch zwischen dem 21. und 42. Jahr mit seinen Aufgaben fertig geworden ist, wenn er die drei Seelenfunktionen mit Hilfe seiner Ich-Kraft weiterentwickelt hat, kann er den Kampf mit den alten Auffassungen und Gewohnheiten aufnehmen und diese an seine eigenen Einsichten und Errungenschaften anpassen. Hierfür muß Mut gesammelt werden. Dann, wenn der Mensch sich nach dem 40. Jahr stärker vom Körper gelöst hat und sich mehr mit dem Geist verbindet, hat er die Möglichkeit, in sein Leben neues Licht einströmen zu lassen und in seiner Seele neue Quellen für die Zukunft zu erschließen.

Anmerkung des Übersetzers

Alle holländischen Titel sind in dieser Bibliographie ins Deutsche übersetzt worden. Das heißt nicht, daß sie auch wirklich in deutscher Sprache erhältlich sind. Einige Titel von Rudolf Steiner sind ebenfalls übersetzt worden, da Welman die holländischen Ausgaben benutzt. Dort, wo er auf die deutschen Ausgaben zurückgreift, ist der Ort (Dornach) und das Erscheinungsjahr vermerkt worden. Vergleiche den Originaltext.

Kleine Bibliographie der Märchen

Die Bücher, aus denen die im Text genannten Märchen entnommen sind, werden hier aufgeführt. Einige dieser Bücher sind nicht mehr erhältlich und nur noch in Bibliotheken zu finden. Zur Ergänzung wurden noch einige neuere Titel aufgenommen. Die nicht im Text genannten Bücher sind mit einem Stern (*) vermerkt.

Brüder Grimm, *Kinder- und Hausmärchen*

R. von Volkmann-Leander, *Märchen*, Rotterdam 1978

J. F. Bladé, *Märchen aus der Gascogne*

R. Crottet, *Verzauberte Wälder. Das Leben und die Legenden der Skolt-Lappen*

Asbjornsen & Moe, *Nordische Volksmärchen*

J. W. von Goethe; Rudolf Steiner, *Das Märchen. Goethes Geistesart in ihrer Offenbarung durch sein Märchen «Von der grünen Schlange und der Lilie»*, Stuttgart 1985

H. Hoffmann, *Märchen aus Tibet*

D. & M. Stovicková, *Tibetanische Märchen**

Woe-Sjoeang, *Die unvergleichliche Braut*, (Chinesische Geschichten, bearbeitet durch Theun de Vries)

Märchen aus Tausendundeiner Nacht

Märchen aus Finnland und Estland

B. Raptschinski, *Märchen der russischen Wälder und Steppen*

A. Afanasjew, *Märchen aus dem alten Rußland*

A. Afanasjew, *Märchen der Baba Jaga**

G. A. Konitzky, *Nordamerikanische Indianermärchen*

F. Karlinger & G. de Freitas, *Brasilianische Märchen*

K. Paetow, *Frau Holle – Volksmärchen und Sagen*, Husum 1986

Anmerkungen

1 Igor A. Caruso, ein Wiener Psychiater, der weder Freudianer noch Jungianer genannt werden wollte, hielt seit 1946 viele Vorträge und sammelte seine Praxiserfahrungen in: *Psychoanalyse und Synthese der Existenz. Beziehungen zwischen psychologischer Analyse und Daseinswerten*, Wien 1952

2 «Der verlorene Sohn» oder «Der Bettler» befindet sich im Museum Boymans van Beuningen in Rotterdam. Eine tiefgreifende Studie des Bildes gibt C. A. Wertheim Aymès: *Die Bildersprache des Hieronymus Bosch*, Den Haag 1961

3 Siehe u. a.: Rudolf Steiner: *Geheimwissenschaft im Umriß*, Dornach 1989 und *Menschenwesen, Menschenschicksal und Weltenentwicklung*, Dornach 1978

4 Siehe u. a.: Rudolf Steiner: *Geisteswissenschaftliche Menschenkunde*, Dornach 1979 und *Vom Lebenslauf des Menschen*, Stuttgart 1980

5 E. Fromm: *Märchen, Mythen und Träume*, Stuttgart 1980

6 Siehe «Kleine Bibliographie der Märchen»

7 Rudolf Steiner: *Märchendichtung im Lichte der Geistesforschung – Märchendeutungen*, zwei Vorträge, 26. 12. 1908 und 6. 2. 1913, Dornach 1988

8 Rudolf Steiner: *Rosenkreuzerisches Weistum in der Märchendichtung*. Ein Vortrag, Berlin 10. 6. 1911. (Aus GA 124), Dornach 1980

9 Rudolf Geiger: *Mit Märchensöhnen unterwegs. Die Komposition in den Märchen von Grimm*, 1968

10 Rudolf Meyer: *Die Weisheit der deutschen Volksmär-

chen, Stuttgart 1981 sowie F. Lenz: *Bildsprache der Märchen*, Stuttgart 1984.

11 Siehe über diese frühe Entwicklungsphase der Menschheit Rudolf Steiner: *Aus der Akasha-Chronik*, 6. Aufl., Dornach 1986

12 Siehe F. Wilmar: *Wie wirken Rundfunk und Fernsehen auf Kinder*, Stuttgart 1982

13 Marieke Anschütz: *Über religiöse Erziehung*

14 B. C. J. Lievegoed: *Die Entwicklungsphasen des Kindes*, Stuttgart 1986

15 W. Holtzapfel: *Krankheitsepochen der Kindheit*, Stuttgart 1984

16 D. Udo de Haes: *Sonnengeheimnisse II: Frühling, Ostern, Pfingsten*

17 W. Aeppli: *Wesen und Ausbildung der Urteilskraft*, Stuttgart 1963

18 Rudolf Steiner: *Menschenerkenntnis und Unterrichtsgestaltung*, Dornach 1978, S. 49/50

19 F. Lenz: *Bildsprache der Märchen*, Stuttgart 1984

20 Amerikanische Sender und auch die BBC haben nach einigen kürzlich geschehenen Mordfällen beschlossen, eine Anzahl sogenannter Gewaltfilme aus ihrem Programm zu streichen. Die Problematik, um die es hier geht, wird eindringlich in Worte gefaßt durch Jerry Mander: *Four arguments for the elimination of television*, New York 1978, und, auf die Folgen für Kinder zugespitzt, durch Martin Large: *Who's bringing them up?*, Brookthorpe, Gloucester 1980

21 A. Lechner: *Die vier Heimskinder*. (Die Zahl Vier könnte auch auf die vier Wesensglieder, aus denen der Mensch aufgebaut ist, weisen. Siehe das Kapitel «Das viergliedrige Menschenbild»).

22 W. Bühler: *Der Leib als Instrument der Seele in Gesundheit und Krankheit*, Stuttgart 1985

23 Aus: Raptschinsky, siehe «Kleine Bibliographie»

24 Vergleiche V. Bott: *Anthroposophische Medizin*, 2 Bde.,

Heidelberg 1987

25 Siehe Rudolf Steiner: *Aus der Akasha-Chronik*, GA 11, Dornach 1986 und *Die Mission einzelner Volksseelen*, GA 121, Dornach 1962

26 *Edda*
Kalevala. Das Epos der Finnen.
Das Traumlied von Olaf Åsteson, hrsg. v. D. Lindholm, Stuttgart, 1983

27 Der Arzt Friedrich Husemann, einer der Pioniere der anthroposophischen Medizin, erwähnte dies in drei Vorträgen über *Die Urbilder in Goethes Märchen*. Die Vorträge wurden vor Bewohnern und Mitarbeitern seiner Klinik in Buchenbach gehalten und nicht veröffentlicht.

28 J. Eijkelboom: *Was bleibt, kommt nie zurück.*

29 Vergleiche B. C. J. Lievegoed: *Lebenskrisen–Lebenschancen*, München 1985 und *Der Mensch an der Schwelle*, Stuttgart 1985

30 E. Bock: *Beiträge zur Geistesgeschichte der Menschheit*, Bd. I: *Urgeschichte*, Stuttgart 1978

31 Siehe u. a. Rudolf Steiner: *Theosophie*, GA 9, Dornach 1987 und *Metamorphosen des Seelenlebens*, GA 58 und 59

32 Siehe Anmerkung 30

33 J. Bastiaans: *Entführung* in: Bastiaans, Mulder; Van Dijk & Van der Ploeg: Menschen bei Entführungen.

34 Dieses Märchen, das mir als Kind erzählt wurde, habe ich bis jetzt in keiner Sammlung finden können.

35 Siehe für einen systematischen Aufbau und die Ausarbeitung dieses Menschenbildes vor allem Rudolf Steiner: *Theosophie*, Dornach 1987

36 Rudolf Steiner: *Theosophie und Rosenkreuzertum* in: *Menschheitsentwicklung und Christus-Erkenntnis*, GA 100, Dornach 1981 sowie *Reinkarnation und Karma*, aus GA 34, Dornach 1985

37 W. Gädeke: *Erinnerungen bis zum Tor der Geburt* in: Die Christengemeinschaft, Juli 1983

38 M. de Gans in: *Gemeindebrief der Christengemeinschaft*

in den Niederlanden, Jg. 13, Nr. 3 (1984)

39 Leider konnte ich die Herkunft dieses, wie mir scheint arabischen, Märchens nicht herausfinden.

40 Vom Steinmetz sind viele Versionen im Umlauf. Die bekannteste ist sicher Multatulis Nacherzählung *Der Japanische Steinmetz* in seinem Roman *Max Havelaar.* Die chinesische Geschichte stammt aus Woe-Sjoeang (siehe «Kleine Bibliographie»).

41 Eine ähnliche Geschichte, mit dem Titel *Der Schlüssel,* ist zu finden in: Ineke Verschuren, *Ein Stern über der Grenze.*

42 Rudolf Steiner: *Luziferische Vergangenheit und ahrimanische Zukunft* in: *Der innere Aspekt des sozialen Rätsels,* GA 193, Dornach 1989; *Geistige Hierarchien und ihre Widerspiegelung in der physischen Welt,* GA 110, Dornach 1991

43 Aus: *Geistige Hierarchien* (siehe Anmerkung 42)

44 J. W. von Goethe, *Faust*

45 Die Herkunft dieser Geschichte ist mir nicht bekannt.

46 Rudolf Steiner: *Die zwölf Sinne des Menschen,* aus: *Geisteswissenschaft als Erkenntnis der Grundimpulse sozialer Gestaltung,* GA 199, Dornach 1985

47 Die Eurythmie ist eine von Rudolf Steiner entwickelte Bewegungskunst, in der die inneren Qualitäten der Sprache und der Musik sichtbar gemacht werden.

48 Mit freundlicher Genehmigung des Verlages Christofoor übernommen aus: J. F. Bladé: *Märchen aus der Gascogne*

49 Siehe dazu A. J. Welman: *Psychodiagnostische Untersuchungen bei Patienten mit einem Hirntumor,* (Dissertation) Leiden 1961 und *Klinische Neuropsychologie,* Utrecht 1979

50 Der Übersetzer C. Ebbinge Wubben macht hierbei die Anmerkung, daß dieser Vers in bestimmten Gebieten der Gascogne unter Kindern sehr beliebt ist, wenn sie Anlauf nehmen, um mit geschlossenen Füßen zu springen.

51 Dieses Märchen wurde mir etwa im Jahr 1928 von meiner Mutter erzählt und später von mir aufgeschrieben. Es stellt sich heraus, daß es in einer verwandten Form in mindestens zwei Sammlungen vorkommt, nämlich: *Sonnenstrahlen*, Gronongen/Djakarta 1951 *(Vom dicken Baum und einer tiefen Grube)* und Asbjornsen & Moe, *Norwegische Märchen*, Nördlingen 1985 (die Geschichte *Peter, Paul und Esben Aschenbrödel*).